职业教育国家在线精品课程配套教材
创新创业教育新形态一体化教材

U0733184

大学生
创新创业教育

（第二版）

主　编　张汝山

副主编　隋　兵　王甜甜　王燕妮
　　　　孟　蝶　李丽丽

参　编　孙迪亮　徐小平

中国教育出版传媒集团
高等教育出版社·北京

内容提要

本书是职业教育国家在线精品课程"大学生创新创业教育"的配套教材,创新创业教育新形态一体化教材。

本书全面贯彻党的二十大和二十届三中全会精神,落实立德树人根本任务,以培养新时代创新创业型高素质技能人才为主线,以涵养新时代大学生创新创业精神意识和提高大学生创新创业素质能力为目标。本次修订立足服务国家战略,紧扣新质生产力发展要求,聚焦新时代大学生成长成才需要,对"大学生创新创业教育"课程内容进行优化重构。本书力求纸质教材与配套数字课程耦合互补,充分发挥在线教学和线下学生自主分散学习的各自优势,通过精心设计特色教学实践环节,有效达成知识传授与技能培养的融合转化。本书在体例格式及呈现方式上力主创新,强化互动性、情景性和操作性,使教材内容更加丰富生动,更富有可读性和趣味性。

本书既可作为高职院校、应用型本科院校创新创业教育通识课程教材,也可作为创新创业培训用书。

本书内容建议按 32 学时安排,读者亦可结合本书登录智慧职教 MOOC 学院进行"大学生创新创业教育"课程的自主学习。本书配有教学课件等数字化资源,请登录"高等教育出版社产品信息检索系统"(https://xuanshu.hep.com.cn/)免费下载。

图书在版编目(CIP)数据

大学生创新创业教育 / 张汝山主编 . -- 2 版 . -- 北京 : 高等教育出版社,2025.1

ISBN 978-7-04-062286-7

Ⅰ.①大… Ⅱ.①张… Ⅲ.①大学生 - 创业 - 高等职业教育 - 教材 Ⅳ.①G717.38

中国国家版本馆 CIP 数据核字(2024)第 108012 号

DAXUESHENG CHUANGXIN CHUANGYE JIAOYU

| 策划编辑 陈 磊 | 责任编辑 陈 磊 | 封面设计 李小璐 | 版式设计 马 云 |
| 责任绘图 裴一丹 | 责任校对 张 然 | 责任印制 沈心怡 | |

出版发行	高等教育出版社	网 址	http://www.hep.edu.cn
社 址	北京市西城区德外大街 4 号		http://www.hep.com.cn
邮政编码	100120	网上订购	http://www.hepmall.com.cn
印 刷	运河(唐山)印务有限公司		http://www.hepmall.com
开 本	787 mm×1092 mm 1/16		http://www.hepmall.cn
印 张	16	版 次	2020 年 5 月第 1 版
字 数	280 千字		2025 年 1 月第 2 版
购书热线	010-58581118	印 次	2025 年 1 月第 1 次印刷
咨询电话	400-810-0598	定 价	39.90 元

本书如有缺页、倒页、脱页等质量问题,请到所购图书销售部门联系调换

版权所有 侵权必究

物 料 号 62286-00

/ 第二版前言 /

随着新时代的车轮滚滚向前,科技的浪潮汹涌澎湃,创新创业作为新质生产力的重要源泉已然成为推动社会进步和经济发展的强劲引擎。作为新时代的大学生,肩负着民族复兴的伟大使命,是创新创业的生力军。本书旨在通过系统的教育和实践,培养大学生的创新创业精神和实践能力,为其未来的职业发展奠定坚实基础。

思政领航,核心价值引领前行

本次修订全面贯彻党的二十大精神,系统领会习近平总书记在党的二十届三中全会和全国教育大会上的重要讲话精神,落实立德树人根本任务,对标"三全育人"要求,注重将思政教育融入创新创业教育的全过程,引导大学生树立正确的世界观、人生观和价值观,培养其社会责任感和历史使命感。通过思想引领,让大学生在创新创业的道路上始终保持正确的方向,坚守初心、砥砺前行。

专创融合,内容重构探索创新

本次修订在设计上注重系统性、层次性和实用性。按照创新创业教育的内在逻辑,从基础知识、技能培养到实践应用,层层递进、逐步深入。同时,编者结合不同专业背景的学生需求,设置多样化的教学内容和实践活动,满足其个性化学习需求。这不仅有助于提升大学生的创新创业能力,还能促进学校教育与社会教育的深度融合,推动"产学研用"一体化发展。在内容重构方面,编者对创新创业教育的内容进行了深入研究和探索,选取了走进"双创"时代、培育创业素养、激发创新思维、把控创业机会、组建创业团队、确立商业模式、整合创业资源、自主创办企业八个模块作为主要内容,旨在通过模块学习与实践,让大学生全面掌握创新创业的核心知识和技能。

理实一体,数字化教学助力成长

本次修订强调理论与实践的紧密结合。通过案例分析、模拟演练等方式,让大学生在实践中学习和成长。鼓励大学生勇于创新、敢于创业，通过创新创业实践解决生活中的实际问题，实现自我价值。同时，编者充分利用数字化教学手段，为大学生提供丰富的学习资源和便捷的学习方式，助力其有效提升创新创业能力水平。

新质汇聚，企业专家智慧共融

本次修订致力培养大学生的创新思维和创业能力，使其能够成为新质生产力的创造者和引领者。鼓励大学生关注新兴产业和新兴技术的发展趋势，掌握创新创业的前沿知识和技能。同时，邀请具有丰富创新创业经验和成功案例的企业家、投资人等为本次修订带来最新的创新创业理念和实战指导，让大学生在创新创业的道路上少走弯路，更快地实现"双创"梦想。

本书由张汝山担任主编，负责拟定编写大纲，组织协调并统筹定稿。隋兵、王甜甜、王燕妮、孟蝶、李丽丽担任副主编。具体编写分工如下：王燕妮负责模块一的编写，王甜甜负责模块二、模块三的编写，孟蝶负责模块四、模块五的编写，隋兵负责模块六的编写，李丽丽负责模块七、模块八的编写。山东省高校思政课教学名师工作室主持人、博士生导师孙迪亮和全国劳动模范、高级工程师徐小平给予指导。

在本次修订过程中，汇聚了众多企业专家、学者的智慧和经验，使教材更加贴近创新创业实际，更加具有针对性、实用性和适应性，在此，谨向他们致以崇高的敬意。同时，衷心感谢高等教育出版社编辑在本书修订及出版过程中给予的大力支持和帮助。编者深知本书难免存在疏漏和不足之处，敬请广大读者提出宝贵意见，以利于本书的进一步修订、补充和完善。

编　者
2024 年 10 月

/ 第一版前言 /

党的十九大报告明确提出，"加快建设创新型国家""激发和保护企业家精神，鼓励更多社会主体投身创新创业"。2018年9月26日，国务院下发的《国务院关于推动创新创业高质量发展打造"双创"升级版的意见》（国发〔2018〕32号）指出，"强化大学生创新创业教育培训""支持高校、职业院校（含技工院校）深化产教融合，引入企业开展生产性实习实训"。可见，加强高校创新创业公共基础课程建设，全面推进创新创业教育探索与实践，是高校的责任所在，是时代的要求使然，具有重大战略意义。

本书旨在帮助大学生熟悉创新创业的基础知识、基本理论和基本规律，掌握创新创业的基本流程和具体方法，提高大学生的劳动素养、创新素质和创业能力。在编写的过程中，教材内容的组织和取舍均以实用、实际和实效为原则，精讲细练，对各知识点和技能点进行着重叙述。本书包括走进创业时代、培育创业素养、激发创新思维、把握创业机会、组建创业团队、选择商业模式、整合创业资源、自主创办企业8个教学模块，各模块均以"行成于思""他山之石""学无止境""好学深思""各抒己见""温故知新""见贤思齐"等学习菜单相结合的方式呈现，调动读者的阅读兴趣，激发读者的思维。

本书由张汝山担任主编，负责拟定编写大纲，组织协调并统筹定稿；由隋兵、王甜甜、王燕妮、孟蝶、李丽丽担任副主编。具体编写分工为：王燕妮编写模块一；王甜甜编写模块二、模块三；孟蝶编写模块四、模块五；隋兵编写模块六；李丽丽编写模块七、模块八。

本书在编写过程中借鉴和参考了国内外大量创新创业指导方面的文献资料，引用了一批专家学者的理论观点，在此一并致谢。

由于编者水平有限，书中疏漏之处在所难免，恳请同行专家批评指正！

编　者
2019年10月

/目　录/

模块七　整合创业资源 **183**

模块八　自主创办企业 **215**

参考文献 **245**

小艾

小艾是一名富有创新精神、敢于创新、不怕失败的大学生。他具有敏锐的商业嗅觉和出色的执行能力，能够迅速捕捉到市场中的商机。小艾具备大学生敢闯敢拼的青年本色，但有时也会因为行动过于迅速，在欠思考和准备的情形下导致项目无法实施。

小叶

小叶是一名思维活跃，善于跨界合作的大学生。她具有广泛的知识储备和跨学科的视角，能够将不同领域的知识和技术进行融合关联，为创新创业项目带来新的可能性。小叶乐于与人分享和交流，她的跨界融合思维常常为团队带来更多的创意和灵感。

小萌

小萌是一名热情开朗、乐观向上的大学生。她对创新创业充满好奇心和求知欲，总是以发现的视角去探索新的领域。小萌敢于尝试，不怕失败，她以积极的态度和勇于挑战的精神带动周围同学一起投身创新创业的实践中。不过作为创新创业的初学者，小萌有时对问题的理解有失偏颇。

小昕

小昕是一名性格沉稳内敛、思维缜密的大学生。他善于用理性的思维去分析创新创业问题，能够透过现象看到本质。小昕对创新创业充满热情，他的专业知识储备和对创新创业的独到见解为团队提供了宝贵的建议和指导，是团队中不可或缺的智慧担当。

模块一
走进"双创"时代

》 行成于思

创新创业是一个国家经济活力的象征。一个国家的经济越繁荣,创新创业活动就越频繁。因此,创新创业被认为是一个国家经济发展的推动力。如今,创新创业已经成为一个全球性的话题,并日益受到重视。创新创业活动对全球经济增长、技术进步和产业化、提供就业等方面有着重要意义。

改革开放以来,我国经济发展取得了举世瞩目的成就,各类经济主体对我国经济发展都做出了巨大贡献。在中国的发展历史长河中,从来没有哪个时代像今天一样,不断为创新创业者提供如此广阔的发展平台和空间。党的二十大报告提出,"必须坚持科技是第一生产力、人才是第一资源、创新是第一动力,深入实施科教兴国战略、人才强国战略、创新驱动发展战略,开辟发展新领域新赛道,不断塑造发展新动能新优势"。政策环境的支持,让我们赶上了继改革开放之后,另一个新的经济大发展时期。

通过本模块的学习,你将能够:了解创业的定义与三大要素,创新的定义与本质;理解创新与创意的区别与联系;掌握大学生创业环境分析,以及数字经济时代创业环境解读等知识。

第一讲　离离原上草——创业认知

当今世界,新一轮科技革命和产业变革浪潮席卷而来。信息、能源、材料、医疗、环保等领域的技术不断取得激动人心的突破,催生了新的制造模式和商业模式,也推动着全人类走向智能生产、绿色生活的新世界。党的二十大报告指出,"当代中国青年生逢其时,施展才干的舞台无比广阔,实现梦想的前景无比光明"。作为新时代的大学生,在掌握扎实知识的前提下,敢于迎接时代提出的挑战,开展创新创业事业,不仅能解决自身就业问题,形成带动就业的倍增效应,还能将创新成果转化并为社会和消费者所用,带动我国经济转型,实现产业升级,抢占国际竞争的战略制高点。

有幸赶上了这个伟大的时代,你做好追逐梦想的准备了吗?

【他山之石】

贺羽是国仪量子的创始人,也曾是中国科学技术大学少年班学院的学生。让他产生创业念头的是导师杜江峰院士的一次分享报告。杜院士讲道,他们去国外买仪器,对方要价几百万元,等他好不容易把钱筹齐了再去买,对方却在现场涨价。后来,这台仪器出现了故障,零件从国外运回来修好花了足足半年的时间。杜院士说了一句话:"让国产自主高端仪器崛起已刻不容缓。"导师的话就像一道光,瞬间击中了贺羽。后来他申请进入杜院士的中国科学院微观磁共振重点实验室工作,开始致力于量子精密测量仪器设备的搭建,在老师借给他的 14 平方米的办公室里,开始了他的"为国造仪"的逐梦之路。

贺羽明白"我们决不能受制于人"的道理,于是他带领团队创业,成立了国仪量子,全身心投入工作中。他的努力没有白费,陆续发布了国内首台商用脉冲式电子顺磁共振谱仪和全数字扫描电子显微镜,他研发出的第一款商业化产品就是当年困扰杜院士的那台电子顺磁共振谱仪,打破了过去几十年间这类仪器被外国仪器厂商垄断的局面,而且在关键性能指标上实现了超越。后来他又推出了单自旋量子精密测量谱仪、量子钻石原子力显微镜等产品,在石油勘探、生命科学、先进材料、电力电网等领域实现了示范性应用。

【学无止境】

1. 创业的定义

《现代汉语词典》(第7版)对"创业"的定义是"创办事业"。由此可见,创业是创字当头,业为基础。这就意味着任何一项事业都是一个由无到有、由小到大、由简到繁的创造过程。

许多学者从不同的方面给创业进行定义,大致如下。

(1)创业是新颖的、创新的、灵活的、有活力的、有创造性的及能承担风险的过程,许多学者说,发现并把握机遇是创业的一个重要部分。

(2)创业是包括创造价值、创建并经营一家新的营利型企业的过程,是通过个人或群体投资组建公司,提供新产品或服务及有意识地创造价值的过程。

(3)创业是创造不同的价值的过程,这种价值的创造需要投入必要的时间和付出一定的努力,承担相应的金融、心理和社会风险,并能在金钱和个人成就感方面得到回报。

此外,哈佛商学院教授霍华德·史蒂文森给出的定义更适合当代创业的含义,他说:创业是不拘泥于当前资源条件的限制,对机会的追逐,将不同的资源加以组合,以利用和开发机会并创造价值的过程。这个定义把一般的经营活动纳入创业的范畴。其实,创业本身就是经营活动。

2. 创业的三大要素

创业教育的先驱——富兰克林·欧林创业学杰出教授与百森学院普莱兹-百森项目主任杰弗里·蒂蒙斯将机会、团队、资源视为创业的三大要素(图1-1),并认为任一要素的弱化,都会破坏三者之间的平衡。

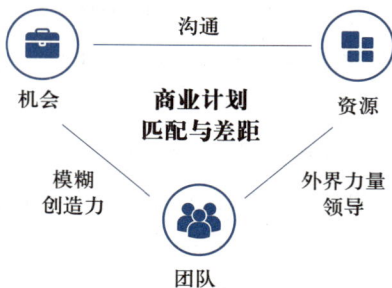

图 1-1 创业的三大要素

在创业活动中,机会、团队、资源三个要素都是不可或缺的。没有机会,创业活动就成了盲目的行动,很难创造价值;机会虽然普遍存在,但如果没有团队去识别和开发,创业活动就不可能发生;而创业团队不仅需要学会把握合适的机会,还需要资源,否则机会将无法被开发和利用。

我们可以从以下几个方面进一步认识创业的三大要素间的相互关系。

(1)机会是创业过程的重要驱动力,团队是创业过程的主导者,资源是创业成功的必要保证。创业始于机会,而不是资金、战略、网络、团队或创业计划。开始创业时,机会往往比资金、团队、资源更为重要。

(2)创业过程是机会、团队、资源三个要素匹配和平衡的结果。在三个要素中绝对的平衡是不存在的,但创业过程要保持稳定发展,必须追求一种动态的平衡。

(3)团队要善于配置和平衡,借此推进创业过程,包括对机会的理性分析和把握,对风险的认识和应对,对资源的合理配置和利用,对团队适应性的认识和分析。因此,团队必须在模糊和不确定的动态创业环境中培养捕捉机会、整合资源、构建战略和解决问题的能力。

让我们通过一段视频,了解中国改革开放以来经历
了哪些创业浪潮。

中国改革开放以来经历的创业浪潮

点拨:在不同的时代背景下,创业的方向、手段、形式各不相同,每个时代都有每个时代的特点。在新时代背景下,只有认清形势变化、把握政策动向、抓住历史机遇,才能做出正确的创业选择,取得创业的成功。

【好学深思】

创新创业教育是让每个学生都去创业吗?

目前,创新创业教育已成为我国高等教育改革的一个新热点,但人们对创新创业教育存在一些模糊认识和误解。例如,有人以为加强创新创业教育是要让人人都成为创业者,有人以为开展创新创业教育只是在高校开设几门相关的课程。这些都是对创新创业教育缺乏深入了解及理性认识的表现。

从 1947 年哈佛大学商学院开设创业课程至今,创新创业教育在国外已有半个多世纪的历史。20 世纪 80 年代以来,在联合国教科文组织、经济合作与发展组织等国际组织的推动下,创新创业教育成为一种世界性的教育改革趋势。在国外,创新教育和创业教育是两个既相互联系又有明确区分的概念。我国则将创新看作

创业的基础和核心,把创新教育与创业教育相融合,提出了创新创业教育的概念。近年来,我国创新创业教育发展比较迅速,正在成为我国教育改革的重要方向和趋势。

那么,创新创业教育是为了使人人都成为创业者吗?当然不是。创业教育专家布罗克豪斯认为:"教一个人成为创业者,就如同教一个人成为艺术家一样。我们不能使他成为另一个凡·高,但是我们可以教给他色彩、构图等成为艺术家必备的技能。"同样,我们不能使每个人都成为优秀的企业家,但是成为一个成功的创业者所必需的技能、创造力等能通过创业教育而得到提升。我国高校开展创新创业教育,目的不是使每个学生都去创业,而是培养学生的创业精神和创业能力。有研究表明,创新创业教育不但可以提高学生的就业能力,而且可以提高其工作能力和工资收入。

目前,我国许多高校建立了健全的创新创业教育课程体系,建设了依次递进、有机衔接、科学合理的创新创业教育专门课程群,同时开展丰富多彩的创新创业教育活动。高校作为最重要的主体,建设专业实验室、虚拟仿真实验室、创业实验室和训练中心,促进实验教学平台共享,专创融合。创新创业教育也获得了政府部门、社会各界特别是产业界的支持。政府相关部门加强政策支持,鼓励企业和高校联合建设大学生校外实践教育基地、创业示范基地、科技创业实习基地和职业院校实训基地等创新创业教育实践平台,鼓励各种科技创新资源向在校学生开放,鼓励教师与产业界技术人才双向流动,鼓励社会资金以多种形式支持创新创业教育活动和大学生自主创业。

【各抒己见】

下面看看小伙伴们是如何认识创业和创业时代的。

● 学生小萌:我觉得处在创业时代,我们所有人都要创业。

● 学生小艾:我认为只要处在这个创业时代,所有人都能够创业成功。

● 学生小昕:国家鼓励我们通过创业带动就业,促进我国的经济发展,在这样的时代背景下,我们有更多的机会和保障去实现自己的创业梦想。

● 学生小叶:虽然身处创业时代,但我们只有让创业的三大要素——机会、团队和资源相互平衡和匹配,才能持续推进创业。

点评:

小萌和小艾对创业和创业时代的认知仅仅停留在表象,没有真正了解其深刻含义,他们会失去很多进一步发展的机会。

小昕和小叶则通过学习和感悟,真正明白了我们所处创业时代的特点和创业的内涵——只有充分了解了当前的形势,才能助创业一臂之力。

第二讲　新绿春更浓——创新认知

提到"创新"大家一定不陌生,创新是这个时代的一张通行证,是一个民族甚至国家赖以生存的灵魂。国家需要创新,社会需要创新,生活也需要创新。创新源于人类对这个世界的想象力,体现于大脑中知识的新链接、脑电波的放电,是真正可遇不可求的灵感迸发。

你知道什么是创新吗? 创新的本质又是什么呢?

【他山之石】

相传,有一年"百工之祖"鲁班接受了一项建造宫殿的任务。建造宫殿需要很多木料,并且工期很紧。鲁班的徒弟们每天都上山砍伐木材,虽然累得精疲力竭,但木料还是远远不够,耽误了工程的进度。在那个年代,完不成任务是要受重罚的。鲁班心里非常着急,就亲自上山察看。鲁班上山的时候,偶尔抓了一把长在山上的一种野草,手一下子就被划破了。鲁班很奇怪,小小的一根草为什么这样锋利? 他把草折下来细心观察,发现草的两边长有许多小细齿,他的手就是被这些小细齿划破的。这件事给了鲁班很大的启发,"既然小草的细齿可以划破我的手,那带有很多小细齿的铁条一定可以锯断大树"。在金属工匠的帮助下,鲁班做出了世界上的第一把锯——一把带有许多小细齿的铁条。他用这个特殊的工具去锯树木,果然又快又省力,锯就这样被发明了。鲁班也如期完成了建造宫殿的任务。

从这件事我们能够看出,鲁班有着强烈的好奇心,他通过观察、思考和创新,找到了解决问题的思路和方法。

【学无止境】

1. 创新的定义

创新的汉语词意是创造与革新,即抛开旧的,产生新的。英语中的创新为"innoration",其含义是更新、变革、制造新事物。在我国,创新被定义为:以根据现有的思维模式提出有别常规或常人思路的见解为导向,利用现有的知识和物质,在特定环境中,本着满足理想化需要或社会需求的目的,改进或创造新的事物、方法、元素、路径、环境,并能获得一定有益效果的行为。

著名经济学家约瑟夫·熊彼特在其所著的《经济发展概论》一书中提出:创新指把一种新的生产要素和生产条件的"新结合"引入生产体系。它包括五种情况,即引入一种新的产品,引入一种新的生产方法,开辟一个新的市场,获得原材料或半成品的一种新的供应来源,获得原材料或半成品的一种新的组织形式。熊彼特的创新概念包含的范围很广,如涉及技术性变化的创新及非技术性变化的组织创新。1985 年,"现代管理之父"彼得·德鲁克发展了创新理论,他提出:任何使现有资源的财富创造潜力发生改变的行为都可以被称为创新。

从马克思主义政治经济学的角度来说:创新是劳动的基本形式,是劳动实践的阶段性发展,是对于同质劳动的超越。劳动力与生产工具的发展,推动了生产力整体的革命性进步。

2. 创新的本质

创新的本质其实就是突破,突破旧的思维定式、旧的常规戒律。创新活动的核心是"新",它可以是产品的结构、性能和外部特征的变革,也可以是造型设计、内容的表现形式或手段的创造,还可以是内容的丰富和完善、流程和商业模式再造、企业战略转型方式的更新,甚至是社会责任的转变等。

下面我们来做一个练习,感受一下什么是创新。

图 1-2 中有 9 个点,如何用相互连接的 5 条直线连接这 9 个点?

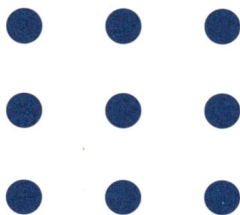

图 1-2　九点图

我们通常能想到两种解决办法,如图 1-3 所示。

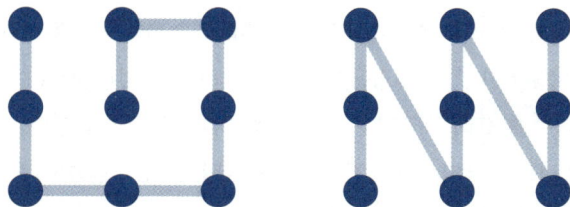

图 1-3　5 线连 9 点

思考一下,如果用 1 条线连接 9 个点,笔不得离开纸面,那么应该怎么做?

其实很简单,如图 1-4 所示,将纸折成圆柱形,用一条线就能将这 9 个点连接起来。

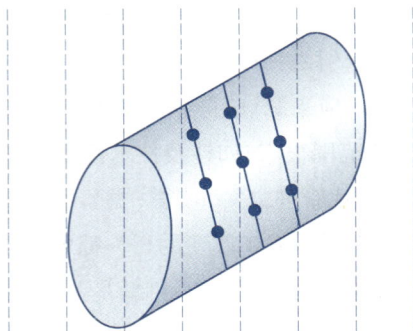

图 1-4　1 线连 9 点

通过刚才的练习我们能够看到,当用 5 条线将 9 个点连接起来时,我们有多种方法。但当用 1 条线连接 9 个点时,如果继续用常规的方式来思考,就会碰到困难。实际上我们只需要突破固有的思维方式,创新性地在立体化的空间里来看这 9 个点,问题就迎刃而解了。

让我们通过一段视频,体会一个生活中的创新小妙招能给我们带来哪些便利。

小发明里的大智慧

点拨:在日常生活中,还有很多创新的小妙招对我们的生活大有裨益,只要敢突破固有思维,就会有意想不到的收获。

【好学深思】

自主创新是关起门来自己搞创新吗?

自主创新是我们攀登世界科技高峰、建设世界科技强国、实现中华民族伟大复兴的必由之路,是自力更生这一中华民族可贵精神在科技创新领域的具体体现;自主创新能力是国家竞争力的核心,是在激烈的国际竞争中赢得战略主动的必备能力。关键核心技术要不来、买不来、讨不来,需要我们自己攻坚克难。大力弘扬自力更生的优良传统和可贵精神,集合精锐力量在自主创新上下功夫,实现关键核心技术的革命性突破,实现我国整体科技水平从跟跑向并行、领跑的战略性转变,是我们建设创新型国家、实现中华民族伟大复兴中国梦的内在要求和必然选择。

当前，人们对于自主创新的重要性已经形成广泛共识，但对于如何开展自主创新还存在一些模糊认识。有人把自主创新与自己创新混为一谈，出现了关起门来搞创新的倾向，这实际上会妨碍自主创新。习近平总书记在中国科学院第十九次院士大会、中国工程院第十四次院士大会上明确指出："自主创新是开放环境下的创新，绝不能关起门来搞，而是要聚四海之气、借八方之力。"他在分析当前我国科技领域存在的一些亟待解决的突出问题时明确指出，"以全球视野谋划科技开放合作还不够"。事实证明，当今时代，自我封闭是自主创新的大敌。在日益激烈的国际科技竞争中，一些对手为了遏制我国发展，对我国进行高科技封锁，但我们不能自缚手脚，不能关起门来搞创新。

有人认为，今天的中国与几十年、十几年前相比，无论是科技实力还是创新能力都已经实现了巨大进步，完全能够依靠自己的力量关起门来搞创新。这种认识是片面的。对于我国科技发展水平，我们既不能妄自菲薄，也不能妄自尊大。尤其要认识到，科学技术是世界性的、时代性的，发展科学技术必须具有全球视野。当今世界，任何国家发展科技都不可能单靠自己的力量。实际上，能否深化国际科技交流合作，做到聚四海之气、借八方之力，决定着我们自主创新的起点和基础。虽然关起门来也能搞一点创新，但由于不能合理利用国际创新资源，就难以在更高起点和扎实基础上推进自主创新。

在开放的环境下搞创新，不仅有利于我们在更高起点上推进自主创新，还有利于我们深度参与全球科技治理。习近平总书记强调："要最大限度用好全球创新资源，全面提升我国在全球创新格局中的位势，提高我国在全球科技治理中的影响力和规则制定能力。"如果关起门来搞创新，我们在全球科技治理中的话语权就会越来越少，影响力就会越来越小，规则制定能力就会越来越弱，这反过来又会制约我国的自主创新。只有坚持以全球视野谋划和推动科技创新，全方位加强国际科技创新合作，积极主动融入全球科技创新网络，提高国家科技计划对外开放水平，积极参与和主导国际大科学计划及工程，鼓励我国科学家发起和组织国际科技合作计划，我们才能在推进自主创新中为完善全球科技治理贡献更多中国智慧。

当今时代，科技的发展早已超越国界，关起门来搞创新是难以发展成世界科技强国的。我们要增强自主创新能力，必须始终坚持正确的方向路径，在自力更生的基础上更加积极主动地抢抓机遇、敞开大门、学习借鉴、参与全球科技治理，加快引进消化吸收再创新步伐，在更高起点上推进自主创新，抢占科技竞争和未来发展制高点，尽快改变一些关键核心技术受制于人的局面。

【各抒己见】

下面看看小伙伴们是如何认识创新的。

- 学生小萌：我知道了，创新就是创造新的东西，可我对发明创造不感兴趣。
- 学生小艾：我觉得创新是天生的，有的人特别善于创新，而我就不行。
- 学生小昕：创新与人们的思维、联想和情绪密切相关，是对未知的好奇，我们只有勇于探索，才有希望获得创新。
- 学生小叶：创新不只是创造出新的东西，通过对旧事物的改造让我们的生活和工作更加方便就是创新。

点评：

小萌和小艾缺乏对事物的好奇心及进一步探索的勇气。要想成为一名创新型的人才，必须对自己从事的工作有浓厚的兴趣，甚至达到痴迷的程度，并且勇于探索，自觉、主动地观察、比较和思考，只有这样才能产生新的联想，创造出新的成果。

小昕和小叶对创新的理解比较全面，他们认识到创新是人人都具有的潜在的自然属性，只要不断地提出问题并积极地解决问题，创新的潜力就会不断地被激发。

第三讲　花有百样红——创新的类型

　　创新是我国经济发展的迫切需要,是推动民族进步和社会发展的不竭动力。我们不能被传统的守旧观念束缚,更不能被陈腐的思考模式包围,而是要打破一切旧的思维枷锁,冲出困扰人们大脑的"围墙",敢于冒险、敢于试错。

　　你认为创新应该从哪些方面着手?

【他山之石】

　　被誉为"世界杂交水稻之父"的袁隆平毕生致力于杂交水稻技术的研究、应用与推广,为我国粮食安全、农业科学发展和世界粮食供给做出了突出贡献。1964 年,袁隆平首先提出通过培育水稻三系(不育系、保持系、恢复系)利用水稻杂种优势的设想并进行科学实验。1970 年,他与其助手在海南发现一株花粉败育的雄性不育野生稻成为突破"三系"配套的关键。1972 年,他育成中国第一个大面积应用的水稻雄性不育系"二九南一号 A"和相应的保持系"二九南一号 B",次年育成了第一个大面积推广的强优组合"南优二号",并研究出整套制种技术。1986 年,袁隆平提出杂交水稻育种分为"三系法品种间杂种优势利用、两系法亚种间杂种优势利用到一系法远缘杂种优势利用"的战略设想,得到同行的赞同。2010 年 3 月,袁隆平团队和张启发团队合作,共同研究转基因水稻。2017 年 9 月,袁隆平宣布一项剔除水稻中重金属镉的新成果。2020 年 6 月,袁隆平团队在青海柴达木盆地里试种的高寒耐盐碱水稻在盐碱地里长出了水稻。

　　袁隆平是我国研究与发展杂交水稻的开创者,也是世界上第一个成功利用水稻杂种优势的科学家。

【学无止境】

1. 创新按表现形式分类

　　按创新的表现形式,创新可分为知识创新、技术创新、产品创新、服务创新、制度创新、管理创新。

（1）知识创新。通过科学研究，获得新的基础科学和技术科学知识的过程。知识创新的目的是追求新发现、探索新规律、创立新学说、创造新方法、积累新知识。知识创新是技术创新的基础。

（2）技术创新。生产技术的创新，包括开发新技术，或者将已有的技术进行应用创新。技术创新建立在科学道理的发现基础之上，而产品创新主要建立在技术创新基础之上。

（3）产品创新。改善或创造产品，进一步满足顾客需求或开辟新的市场。产品创新可分为全新产品创新和改进产品创新。

（4）服务创新。使潜在用户感受到不同于从前的崭新内容，是指新的设想、新的技术手段转变成新的或者改进的服务方式。

（5）制度创新。在人们现有的生产和生活环境条件下，通过创设新的、更能有效激励人们行为的制度、规范体系实现社会的持续发展和变革的创新。所有创新活动都有赖于制度创新的积淀和持续激励，通过制度创新得以固化，并以制度化的方式持续发挥着自己的作用，这是制度创新的积极意义所在。

（6）管理创新。企业把新的管理要素（如新的管理方法、新的管理手段、新的管理模式等）或要素组合引入企业管理系统以更有效地实现组织目标的活动。

2. 创新按组织方式分类

按照组织方式，创新可分为独立创新、合作创新及引进创新。

（1）独立创新。顾名思义，就是在没有其他企业技术引导的条件下，企业在获取技术和市场创新机会以后，依靠自身力量独立研究开发，攻克技术难关，获得新的技术成果，并完成技术成果的商业化过程。

（2）合作创新。企业、研究机构、大学之间的联合创新行为，包括新构思形成、新产品开发及商业化等任何一个阶段的合作。

（3）引进创新。从事创新的组织从其他组织引进先进的技术、生产设备、管理方法等，在此基础上创新，通过逆向工程等手段，对引进的技术和产品的消化、吸收、再创新的过程。

3. 创新按强度分类

按照强度，创新可分为渐进性创新、突破性创新和革命性创新。

（1）渐进性创新。渐进的、连续的创新常出自直接从事生产的工程师、工人、用户等之手。

（2）突破性创新。使产品、工艺、服务具有前所未有的性能特征或者相似的特征,或者创造出一种新的产品的创新。

(3)革命性创新。会产生具有深远意义的变革,伴随着新兴产业出现的创新。

此外,按照领域,创新可分为教育创新、金融创新、工业创新、农业创新、国防创新、社会创新、文化创新等。按照行为主体,创新可分为政府创新、企业创新、团体创新、个人创新等。按照层次,创新可分为首创型创新、改进型创新、应用型创新等。

让我们通过一段视频,体会一下科技创新成果能给我们带来哪些惊喜。

创新引领
未来

点拨:文心一言通过其强大的语言处理能力、广泛的应用场景、高度的可定制性和个性化能力及智能化特点,为用户带来了全新的体验。它让人们的生活和工作变得更加便捷、高效和有趣,同时也展示了人工智能技术的巨大潜力和未来发展的方向。

【好学深思】

如何用好科技创新和制度创新"双轮"驱动?

坚决破除一切制约创新的思想障碍和制度藩篱,打好引领创新"政策组合拳",形成强大合力,最大限度解放和激发科技作为第一生产力所蕴藏的巨大潜能。

开放合作,共享未来;科创盛事,携手共赢。在 2023 中关村论坛开幕式上,新一代量子计算云平台等 10 项重大成果亮相,展现中国科技创新迸发的活力;在闭幕式上,硅基光电子集成芯片与多功能系统等一系列成果,展现中国高质量发展的勃勃生机;论坛共吸引来自全球 86 个国家和地区的 5 000 余名科学家、企业家、投资人、创新创业者参会……各项活动精彩纷呈,奏响了开放创新、合作共享的强音。

习近平总书记向 2023 中关村论坛致贺信强调:"北京要充分发挥教育、科技、人才优势,协同推进科技创新和制度创新,持续推进中关村先行先试改革,进一步加快世界领先科技园区建设,在前沿技术创新、高精尖产业发展方面奋力走在前列。"科技赋能发展,创新决胜未来。加快实施创新驱动发展战略,为经济社会高质量发展提供有力支撑,必须坚持把科技创新摆在国家发展全局的核心地位,全面深化科技体制改革,形成支持全面创新的基础制度。

科技创新是推动发展的强劲引擎,体制改革是促进创新的点火系统。在新时代,科技体制改革"四梁八柱"基本建立,143 项改革任务高质量完成,重点领域和关键环节改革取得实质性进展及显著成效,科技创新的基础性制度基本建立,国务院机构改革做出了"重新组建科学技术部"的重大部署。在新征程上,把创新驱动发展的引擎全速发动起来,仍要勇于攻坚、不断深化改革。

从 50% 到 75% 再到 100%,制造业、科技型中小企业研发费用加计扣除比例不断提升,让企业在研发投入上更有底气;下放预算调剂权限,"打酱油的钱可以买醋",让科研人员自主权不断扩大、积极性日益提高……我国科技队伍蕴藏着巨大创新潜能,关键是要通过深化改革把这种潜能有效释放出来。着眼未来,必须更好发挥新型举国体制优势,抓好完善评价制度等基础改革,做好科技管理改革"加减法",有力有序推进创新攻关的"揭榜挂帅"机制,同时还要推动有效市场和有为政府更好结合,加大多元化科技投入,加强知识产权法治保障,从而激发各类人才创新创业活力。

科技创新和制度创新同向而行、协同推进,必须坚持系统观念、突出系统集成。例如,科技部等 12 部门印发的《深入贯彻落实习近平总书记重要批示精神加快推动北京国际科技创新中心建设的工作方案》要求,围绕财政金融、成果转化、人才激励、企业创新等方面,推动出台下一批改革措施;2023 年 6 月 1 日正式实施的《深圳经济特区光明科学城发展促进条例》提出,推行二、三产业混合用地,支持独立法人科研机构探索实行"财政科研经费包干制",等等。只有优化配置、整合重组,不断深化科技体制改革,才能持续推动创新要素深度融合、创新生态持续改善。

把科技创新这个"牛鼻子"牵住、这步"先手棋"走好,在制度创新中激励更多科技工作者勇攀高峰,在全社会形成鼓励、支持、参与创新的良好环境,我们一定能为高质量发展开辟新空间、注入新动能,以高水平科技自立自强支撑民族复兴伟业。

【各抒己见】

下面看看小伙伴们是如何认识创新的类型的。

- 学生小萌:以后我就按照今天学习的这几种创新的类型来创新。
- 学生小艾:我明白了,原来每种创新行为都有自己的类别啊!
- 学生小昕:给创新进行分类可以方便大家理解创新的本质,如果大家都按照类型来创新,那么还能创新吗?

● 学生小叶:按照不同的分类标准,每种创新活动都可以分为不同的类型。这些分类之间会有重叠和交叉。例如,黑白电视发展成为彩色电视,既是技术创新又是突破性创新,并不矛盾。

点评:

小萌和小艾的想法被禁锢在了创新的类型里,这样在进行创新活动的时候容易受到束缚。

小昕和小叶领会到创新分类旨在帮助我们认识创新,更好地开展创新活动,只要敢想、敢做、敢创新,就会有意想不到的收获。

第四讲　此猫非彼猫——创新与创意的区别与联系

创意起源于人类的创造力、技能和才华,来源于社会又指导着社会发展。创意得益于灵感,它是由灵感诱发形成的观念形态的想法和念头,比灵感要完整和完善。人类是在创意、创新中诞生的,也要在创意、创新中发展。创新是人类特有的认识能力和实践能力,是人类主观能动性的高级表现。

创新与创意仅一字之差,二者有着怎样的区别和联系呢?

【他山之石】

扬州工业职业技术学院毕业生丁蓉蓉创办的淮安市天英生态农业科技发展有限公司是全国最大的冰草研发、种植企业,其在国内首次自主培育出冰草种子,打破了国外的长期垄断。

冰草原产于非洲,流行于日本,前几年才进入中国,冰草吃起来嫩脆爽口,入口即化,是一种营养丰富的蔬菜。因为价格高、种植规模小,冰草在当时国内的餐桌上并不常见。丁蓉蓉是如何发现冰草并成功创业的? 创意来自她一次去日本旅游,偶然吃到冰草,一下子便被其口感和营养价值深深吸引,她想冰草要能在国内广泛种植该多好……回国后,她采用 8 个大棚进行对照试验,对 4 个变量进行控制,经过556 天、三个周期的反复试验,终于找到适合冰草生长的温度、湿度、土壤酸碱度及光照强度等环境数据,创新培育出了"大叶冰草"新品种,打破了国外对冰草种子的长期垄断,冰草种子的价格从每公斤 10 万元降到了每公斤 6 000 元,而且口感更好、品质更佳、冰珠更丰富,备受市场青睐。

【学无止境】

1. 创新与创意的区别

从需求、产生环境、保障机制、可实现性上来说,创新与创意都是不同的。

在思维方式上,创意以形象思维为主,以表象为思维要素;而创新是在形象思维的基础上,把一系列表象概念化,通过逻辑思维,把感性色彩浓厚的创意上升为理性思维居多的创新。

在稳定性方面，创意的过程往往是突发性、突变性和突破性的综合。例如，我国数学家侯振挺送一位朋友上火车，在火车站排队上车的队伍前，灵感突然闪现，一年多来梦寐以求的答案清晰地出现在脑际，于是写成了《排队论中一个巴尔姆断言的证明》。创新是概念化、逻辑化的创造方案，具有相对稳定性。

2. 创新与创意的联系

创意"有如昙花一现的幻影，有如纯洁之美的精灵"，而创新的思维赋予其"有形的翅膀"，使得每个人都可以创造出奇迹。简而言之，创意是具有新颖性和创新性的想法，并且能够通过创新创造出更大的效益。因此，我们说创意是创新的基础，没有创意，就没有创新，更谈不上创业。

创新来源于创意，又高于创意。创意要想变成有价值的创新，就要有一个发明的实现过程和产品的检验环节。这甚至是一个充满失败可能的艰苦过程。例如，在飞机发明之前，一定有很多人产生过发明一种依靠机翼产生升力飞上蓝天的创意，而那些只有创意却没有实际行动的人，肯定不会实现制造飞机的梦想，也就不会取得最终的创新成果。

因此，我们要善于抓住灵感，形成创意，进而坚持不懈地进行实验，最终实现创新。

让我们通过一段视频，看看方便面是怎么发明的吧。

被饥饿催生
的灵感

点拨：安藤百福无意中看到吃面要排很长的队伍，瞬间迸出了一个用开水冲泡就能吃面的创意，通过尝试各种制作方式，不断思考、实验，经历了无数次的失败，才有了我们今天看似平常的方便面。所以，创意是突发的、偶然的，但想要变成有价值的创新，仍需要经历一个艰难的实现过程。

【好学深思】

文化产业走出去的关键在哪里？

提升文化产业国际竞争力是推动中华文化走向世界、建设文化强国的重要内容。当前，我国电影、电视剧、动画、出版物的年产量均居世界前列，但国际竞争力不强,文化产业走出去的情况不容乐观。如果剔除文化制造业,那么作为文化产业核心的文化创意产业(电影、电视、出版等)整体上在国际贸易中仍存在明显逆差。文化产业如何更好走出去是建设文化强国必须深入思考的问题。

相关研究表明,拥有大规模国内市场的国家,在文化产品国际贸易中往往具有竞争优势。我国文化产业的国内市场规模很大,但这一规模优势还没有转化为国际贸易中的竞争优势。我国有 14 亿多人口,韩国人口仅为 5 200 万人左右,但在与韩国的文化产品贸易中,我国却长期处于严重逆差。为什么我国文化产业没能充分发挥国内市场规模巨大这一天然优势? 这与我国文化产业发展资源分散有关。一般而言,一个国家比较有竞争力的产业,其资源都能顺畅地从效率较低的区域和环节流向效率较高的区域和环节,产生集聚效应,推动产业形成核心竞争力。但在我国文化产业发展中,资源大多分散在各个省级区域市场,并以区域市场为单位直接参与国际竞争。一些地方文化产业布局结构雷同,同质化竞争较为严重,资源利用效率较低。这一产业发展格局在一定程度上消解了我国国内市场规模巨大的天然优势。

为了推动文化产业走出去,我国政府采取了多项政策措施支持影视企业等进军海外市场。但从总体来看,由于行政力量在许多领域对文化产业资源配置发挥着主导作用,市场在资源配置中没有起到决定性作用,我国文化产业在内容创意等方面的竞争力提高得不快。以动画产业为例,近年来,不少地方政府纷纷推出优惠政策,支持本地企业发展动画产业基地。由于顶层设计不够周全,一些地方的动画产业发展出现了"一窝蜂"式的无序局面。这对早期通过市场方式聚合资源、率先发展起来的动画产业基地造成很大伤害,因为这些区域的资源在一哄而上的无序竞争中被大大稀释,无法形成集聚效应。实践表明,一个产业集群能够提升竞争力,主要是因为企业之间形成了创新网络,资源通过市场得到了优化配置。反观目前国内的一些动画产业园区,企业主要与政府发生关系,企业之间的联系很少;当政府的优惠政策到期后,企业就像候鸟一样飞走了。这种运作方式很难实现可持续发展。

还须讨论的一个问题是,为何我们的产业扶持政策在推动一些其他产业发展上效果显著,却难以有效推动文化产业走出去? 这是因为,其他产业能够顺利走出去,得益于我国人口红利带来的低成本劳动力资源。这一经验在文化制造业可以复制,但在文化创意产业却很难复制。文化创意产业强调的是创新创意,其竞争力的提升本质上要靠创新能力的提升,必须走基于创新网络的产业集群化道路,必须依靠市场配置资源。这是我国文化产业在走出去过程中必须解决的问题。这一问题解决得好,对于其他产业的转型升级都具有重要示范意义。

【各抒己见】

下面看看小伙伴们是如何认识创新与创意的。

● 学生小萌:创意以形象思维为主,而创新是理性思维,因此两者没有什么关联。

● 学生小艾:既然创新与创意都是新想法、新思维,那创意很容易就可以变为创新。

● 学生小昕:创新来源于创意,但高于创意。没有创意,就没有创新,更谈不上创业。

● 学生小叶:创意是一种创新的设想,要把它变成有价值的创新,需要一个充满失败可能的艰苦的发明过程。

点评:

小萌的想法把创新与创意割裂开来了,在这种情况下,可能会产生创意,但往往创意并不能转化为创新成果。小艾忽略了从创意变成有价值创新的艰难过程,也不利于获得创新成果。

小昕和小叶能够正确看待创新与创意的区别和联系,只要善于抓住灵感,形成构思,通过坚持不懈的实验,实现创新的可能性就大大增加了。

第五讲　好风凭借力——大学生创业环境分析

创业环境在个人创业过程中起着不可忽视的作用。创业不是一蹴而就的，好的环境可能会让我们顺风顺水，而不好的环境可能使我们万事皆空。创业能否成功与环境有着非常重要的关系。

你认为大学生理想的创业环境应该是怎么样的？

【他山之石】

已收到百度公司录用通知的大学毕业生王之琛，感受到国家对大学生创新创业的支持，经再三思量后决定放弃这次难得的机会，投身创业浪潮中。创业伊始，屡次碰壁，直到一次活动上的云摄影模式让他眼前一亮。原本从事文化宣传的他敏锐地察觉到，这种摄影师拍完就能立刻让现场观众享受到的云摄影体验，也许就是他一直寻找的创业方向。他购买智能传图设备及系统开始进行研究，调整改良之后开始实战检验，几场活动做下来，他目睹了市场对云摄影的追捧，也更加坚定了进入这个领域的信心。为了更好地经营创业公司，他自学财务会计、企业管理等知识，并且参加人社部门组织的创业培训，不断给自己充电。他深知，只有不断提升自己，才能在竞争激烈的市场中立于不败之地。随着团队的不断壮大和技术的不断进步，王之琛和他的团队开发出了融合云计算和人工智能的一站式影像平台，为客户提供照片拍摄、视频直播或拍摄、数字营销等服务。他带领团队参加各类创新创业大赛，取得了优异的成绩。

回顾自己的创业历程，王之琛表示，正是国家对大学生创新创业的支持和社会的广泛认可，让他有勇气放弃稳定的职业选择，勇敢地追寻自己的梦想。

【学无止境】

1. 创业环境的定义

创业环境是指与创业活动相关联的因素的集合，包括宏观环境、行业环境和微观环境。

（1）宏观环境。宏观环境又叫总体环境，是指那些给企业提供市场机会或造成环境威胁的主要社会力量，包括政治、经济、社会、技术、自然和法律等因素。

（2）行业环境。行业是指提供同一产品 / 服务或提供具有可替代性产品 / 服务的企业群。行业环境指的是该企业群所处的环境状况，它涵盖了行业的生命周期阶段、行业的进入与退出障碍，以及行业的需求与竞争状况等多方面的内容。

（3）微观环境。微观环境是指企业的顾客、竞争者、营销渠道和有关公众等对企业营销活动有直接影响的各种因素。

2. 大学生创业环境的改善

习近平总书记多次作出重要指示，要求加快教育体制改革，注重培养学生创新精神，造就规模宏大、富有创新精神、敢于承担风险的创新创业人才队伍。近年来，国家出台了很多关于创新创业的指导意见和优惠政策。例如，国务院办公厅日印发的《国务院办公厅关于进一步支持大学生创新创业的指导意见》（国办发〔2021〕35号），教育部高校学生司、教育部学生服务与素质发展中心发布的《普通高校学生自主创业政策公告》等，以此支持大学生创新创业。

具体来说，大学生创业环境的改善主要表现在以下几个方面。

（1）加大财税金融扶持，为创业初期"送炭"。

大学生在毕业年度内从事个体经营，符合规定条件的，在3年内按一定限额依次扣减其当年实际应缴纳的增值税、城市维护建设税、教育费附加、地方教育附加和个人所得税；对月销售额15万元以下的小规模纳税人免征增值税，对小微企业和个体工商户按规定减免所得税。

落实创业担保贷款政策及贴息政策，将大学生个人最高贷款额度提高至20万元，对10万元以下贷款、获得设区的市级以上荣誉的大学生创业者免除反担保要求；对大学生设立的符合条件的小微企业，最高贷款额度提高至300万元。

另外，毕业2年以内的普通高校大学生从事个体经营的，3年内，免收管理类、登记类和证照类等有关行政事业性收费；对在毕业学年有就业创业意愿并积极求职创业的低保家庭、贫困残疾人家庭、原建档立卡贫困家庭和特困人员中的大学生，残疾及获得国家助学贷款的大学生，给予一次性求职创业补贴；对首次创办小微企业或从事个体经营，并且所创办企业或个体工商户自工商登记注册之日起正常运营1年以上的离校2年内大学生，试点给予一次性创业补贴；对大学生在毕业年度内参加创业培训的，按规定给予培训补贴。

加大对创业失败大学生的扶持力度,按规定提供就业服务、就业援助和社会救助。毕业后创业的大学生可按规定缴纳"五险一金",减少大学生创业的后顾之忧。

(2)完善平台建设和服务,促进大学生"双创"成果转化。

大学生可免费获得公共就业和人才服务机构提供的创业指导服务。鼓励各类孵化器面向大学生创新创业团队开发一定比例的免费孵化空间。政府投资开发的孵化器等创业载体应安排30%左右的场地,免费提供给大学生。有条件的地方可对大学生到孵化器创业给予租金补贴。

加强大学生创新创业服务平台建设,建强高校创新创业实践平台、科技创新资源开放共享平台、大学生创新创业信息服务平台、全球性创新创业竞赛平台等,优化创业环境,促进大学生"双创"成果转化。研究设立大学生创新创业成果转化服务机构,建立相关成果与行业产业对接长效机制,促进大学生创新创业成果在有关行业企业推广应用。

(3)高校深化创新创业教育,提升大学生"双创"能力。

允许在校大学生休学创业,对休学创业的大学生可以单独规定最长学习年限,并简化休学批准程序,大学生在休学期间,学校应为其保留学籍。

大学生参加创新创业大赛、社会实践等活动,以及发表论文、获得专利授权等与专业学习、学业要求相关的经历、成果,可以折算为学分,计入学业成绩。

(4)市场经济不断完善,为创业者提供日益公平的竞争环境。

在一个开放的市场体系中,企业不再受很多体制的束缚、限制,从而使生存空间能够无限延伸。对于创业者来说,公平、高效、自由、开放的市场环境能有效降低创业的隐性成本,清除原来可能存在的体制性障碍,无形中增加了创业的成功系数。

让我们通过一段视频,了解当前的创业政策对大学生创业能起到哪些推动作用。

政策为创业赋能

点拨:当前的创业环境对大学生创业者非常有利,但创业绝非易事,大学生相对缺乏决定创业成败的经验、人脉、资金等,因而创业的风险很大。所以大学生在学习知识和技能时,不能只专注于自己的专业领域,而是要向复合型人才方向发展,不断通过实践积累经验,这样才能乘着政策的"东风"搭上创业时代的"顺风车"。

【好学深思】

我国全球创新指数排名为何能连续 10 年稳步提升？

2023 年,我国知识产权创造质量稳步提升。全年共授权发明专利 92.1 万件、实用新型 209.0 万件、外观设计 63.8 万件、注册商标 438.3 万件,登记集成电路布图设计 1.13 万件。每万人口高价值发明专利拥有量达 11.8 件。我国在世界知识产权组织发布的《2024 年全球创新指数报告》中排名提升至全球第 11 位,是前 30 名中唯一的中等收入经济体,并且是 10 年来全球创新指数排名上升最快的经济体之一。

在知识产权质量稳步提升的同时,知识产权价值加速显现。全国专利商标质押融资额达 8 539.9 亿元,同比增长 75.4%,惠及企业 3.7 万家。专利开放许可试点取得明显成效,达成开放许可 1.7 万项。

新时代,我国自主创新成果不断涌现,科技自立自强加速推进。我国在载人航天、探月探火、超级计算机等领域的创新成果不断涌现。科技创新为我国经济发展开辟了新领域、新赛道,大大提升了发展的质量和效益。这背后,是我国在审查授权、依法保护、成果转化、服务保障等多方面提供支撑。

为进一步支持科技创新、强化知识产权保护,国家知识产权局联合最高人民法院、最高人民检察院、工业和信息化部、海关总署、国家市场监督管理总局和中国国际贸易促进委员会,启动了首批国家知识产权保护示范区的遴选工作。目前已从 64 个推荐城市(地区)中,择优选定天津市滨海新区,上海市浦东新区,江苏省南京市、苏州市,浙江省杭州市、宁波市,安徽省合肥市,广东省广州市、深圳市,四川省成都市共 10 个城市(地区)开展建设。这些示范区在探索制度创新、织密保护网络、创新监管模式、深化执法协作、强化风险防控等方面大胆创新、因地制宜,争创知识产权保护创新举措试验田。

为强化政策支持,国家知识产权局等 7 部门共同研究了 20 余条示范区支持政策清单,具体包括支持知识产权快速协同保护体系建设、支持设立知识产权检察工作联系点和知识产权审判工作办案点、支持开展专利申请集中审查、支持设立重大专利侵权纠纷行政裁决"直通车"等,并且仍在持续丰富相关支持政策,鼓励示范区先行先试,迈开步子,大胆创新。

25

【各抒己见】

下面看看小伙伴们是如何认识创业环境的。

● 学生小萌:当前的创业环境这么好,大家创业一定很容易成功。

● 学生小艾:在国家和社会的支持下,创业环境给我们带来的机遇一定大于挑战。

● 学生小昕:创业环境大好,并不意味着轻轻松松就能创业成功,而是要我们付出更多的努力,才能抓住好机遇。

● 学生小叶:机遇总是伴随着挑战,当前的良好环境也使创业者之间的竞争更加激烈。

点评:

小萌和小艾对当前创业环境的理解有些盲目乐观,只看到了在国家政策的支持下带来的优势和机遇,却没有意识到机遇与挑战并存,因为创业并不是一蹴而就的。

小昕和小叶并没有沉浸在良好的大环境中,而是客观地思考,全面地分析,认识到主观努力的重要性。只有这样才能抓住政策红利带来的各种机会,才能在未来的创业之路上披荆斩棘。

第六讲　高步蹑青云——数字经济时代创业环境解读

随着信息通信产业的发展,数字经济发展的基础条件逐步完善,为产业融合发展提供了保障。在新一轮科技革命和产业变革的带动下,全球在数字经济领域形成新一波创新创业浪潮,创业群体日益壮大。数字经济催生出无数"互联网+"行业创业机遇,成为各国创新创业的核心力量。

在数字经济背景下,"互联网+"对创业的趋势性影响有哪些?

【他山之石】

"互联网+"农业成为对传统农业进行改造重塑的途径之一,为越来越多的创业者提供了创业机会。怀揣创业梦想的青年张扬与吴迪一拍即合,两人认真考察市场后,选择到河南省洛阳市伊川县江左镇承包土地种植柏珍西瓜,并创立了公司。吴迪在创业过程中逐渐发现,成本高是农民种植各类作物的痛点。于是,他聘请专家,招收技术人员,潜心研发智慧农业系统。

经过努力,张扬与吴迪自主研发出基于区块链与人工智能技术的智慧农业系统,该系统能实时监控农作物生长,制定标准化种植流程,大大降低了农业种植的技术门槛。该系统内嵌网上商城,连接农场、农民及消费者,实现农产品销售品牌化、渠道化。后来,该系统还推出"农民职业规划培训方案",帮助农民到农场创业,形成"农村创客空间"。借助智慧农业系统,目前的洛阳市新大农业科技有限公司(张扬与吴迪创立的公司)已形成了"农业数字化、农民技能化、组织众创化"的发展模式,逐步成为伊川县智慧农业的龙头企业。

【学无止境】

1. 数字经济的定义

数字经济是指以数字化的知识和信息作为关键生产要素、以现代信息网络作为重要载体、以信息通信技术的有效使用作为效率提升和经济结构优化的重要推动力的一系列经济活动。

27

2. 数字经济下"互联网+"创业环境分析

数字经济通过使用不断升级的网络基础设施与智能机等信息工具,以及互联网、云计算、区块链、物联网等信息技术,处理大数据的数量不断增加、质量与速度不断提高,推动经济由工业经济形态向"信息经济—知识经济—智慧经济"形态转化,极大地降低社会交易成本,提高资源优化配置效率,提高产品、企业、产业附加值,推动社会生产力快速发展。

所谓的"互联网+",其实是创新2.0下的互联网发展的新业态,是知识社会在创新2.0推动下的互联网形态演进及其催生的经济社会发展新形态。中国互联网络信息中心(China Internet Network Information Center,CNNIC)发布的第53次《中国互联网络发展状况统计报告》显示,截至2023年12月,我国网民规模达10.92亿人,较2022年12月增长2 480万人,互联网普及率达77.5%。在当前数字经济环境下,"互联网+"促进应用领域进一步深化、细化,通信、传媒、广告、零售业、交通、农业、金融、医疗、教育等领域成为互联网创业蓝海,这让创业者跃跃欲试。究竟"互联网+"将会给现在的各个产业带来哪些机会呢?

(1)农业。利用信息技术对地块的土壤、肥力、气候等进行大数据分析,并提供种植、施肥相关的解决方案,能够提升农业生产效率。另外,农业信息的互联网化将有助于需求市场的对接,在数字经济时代下,新农民不仅可以利用互联网获取先进的技术信息,还可以通过大数据掌握最新的农产品价格走势,从而决定农业生产重点以把握趋势。具有互联网思维的"新农人"群体日趋壮大,创造出更多模式的"新农业",催化中国农业品牌化。

(2)教育。近年来,在线教育细分领域(如在线职业技能培训等)成为中国在线教育市场规模增长的主要动力。将用户需求深度挖掘,并通过大数据技术实现个性化推荐,基于移动终端的特性,用户可以用碎片化时间进行沉浸式学习,让在线教育切中了传统教育的一些痛点。

(3)医疗。"互联网+"医疗的融合,实现了信息透明,并解决了资源分配不均等问题。例如,类似微医等服务,可以解决大家看病时挂号排队时间长、看病等待时间长、结算排队时间长的问题。

(4)工业。"互联网+"制造业和正在演变的"工业5.0",将颠覆传统制造方式,重建行业规则。在"互联网+"的驱动下,产品个性化、定制批量化、流程虚拟化、工厂智能化、物流智慧化等都将成为新的热点和趋势。

(5)金融领域。传统金融向互联网转型,金融服务普惠民生,成为大势所趋。低门槛与便捷性让资金快速流动,大数据让征信更加容易,也有助于中小微企业、工薪阶层、自由职业者等获得金融服务。随着移动支付的普及,"互联网+"

金融正发挥着巨大的作用。

让我们通过一段视频，了解互联网和故宫创新是怎么结合的。

"互联网+"：让文物"活"起来

    点拨：我们可以通过"互联网+"足不出户就能看到故宫博物院的文物，通过互联网我们还可以尝试更多的事情。"互联网+"相当于给传统行业加一双"互联网"的翅膀，助飞传统行业，提升全社会的创新力和生产力。就像在第二次工业革命中电力让很多行业发生翻天覆地的变化一样，互联网作为一种生产力工具，也给每个行业带来了效率的大幅提升。

    为深入贯彻党的二十大和中央经济工作会议精神，充分发挥数据要素乘数效应，赋能经济社会发展，国家数据局会同中央网络安全和信息化委员会办公室、科学技术部等部门联合印发《"数据要素×"三年行动计划（2024—2026年）》（以下简称《行动计划》）。《行动计划》选取工业制造、现代农业、商贸流通、交通运输、金融服务、科技创新、文化旅游、医疗健康、应急管理、气象服务、城市治理、绿色低碳12个行业和领域，发挥数据要素乘数效应，释放数据要素价值，为推动高质量发展、推进中国式现代化提供有力支撑。

【好学深思】

"互联网+"与"+互联网"的区别何在？

    "互联网+"代表一种新的经济形态，即充分发挥互联网在生产要素配置中的优化和集成作用，将互联网的创新成果深度融合于经济社会各领域之中，提升实体经济的创新力和生产力，形成更广泛的以互联网为基础设施和实现工具的经济发展新形态。"+互联网"是针对传统行业融合、产业变革所产生的概念，指传统行业借助互联网手段把线下的生意做到线上去，并将互联网技术融合到产品的生产、管理、销售、服务等环节中。"+互联网"强调顺势创新，指传统行业以既有业务为基础，利用互联网技术和理念来提高为用户服务的效率及质量。

视角不同

    "互联网+"更多强调"逆袭创新"。大体而言，电子商务是互联网向商业的逆袭，互联网传媒是互联网向传媒业的逆袭……"+互联网"则更多强调"顺势创新"。

优势不同

"互联网+"有新技术优势、体制机制优势和更广泛的社会支持,容易产生爆发性增长。互联网技术是基础,再加上其优惠的价格、便捷的操作、舒适的体验,足以赢得巨量消费者。相对而言,"+互联网"拥有的是存量优势、行业标准优势和公信力优势。一方面迫于外部特别是互联网企业的压力,另一方面迫于内部问题导向的压力,传统企业正热衷于利用互联网技术提高自身服务客户的能力。

主导者不同

"互联网+"的主导者往往是互联网企业,从技术、商业模式、资金、人才等方面看,都是互联网企业主导着融合进程;"+互联网"则正好相反,主要是传统企业主导着融合进程。

【各抒己见】

下面看看小伙伴们是如何认识数字经济时代"互联网+"创业环境的。

● 学生小萌:我理解的"互联网+"创业其实就是在互联网上卖东西。

● 学生小艾:虽然我每天都用手机发朋友圈、看各种信息,但好像"互联网+"和我的未来发展没有什么关系。

● 学生小昕:互联网思维带来的实践成果,推动经济形态不断地发生演变,从而增强社会经济实体的生命力,为改革、创新、发展提供广阔的网络平台。

● 学生小叶:"互联网+"并不是简单的互联网和传统行业的叠加,而是利用信息通信技术及互联网平台,让互联网与传统行业进行深度融合,创造新的发展生态。

点评:

小萌和小艾把"互联网+"简单地当成了一个销售、交流和获取信息的平台,仍然用传统的思维来理解互联网。在不断变化的新形势、新业态下,他们会失去进一步发展的机会。

小昕和小叶能够认识到"互联网+"不只是一个发展平台,它面对的是信息的透明和资源的共享,只有通过创新的方式将它们联系起来,满足更多客户的需求和客户的更多需求,才能寻找到一条创新发展之路。

≫ 百炼成钢

实训 1:盘点铅笔的用途

见贤思齐

- 实训场地:教室空地。
- 游戏人数:6 人。
- 游戏准备:1 支铅笔和 1 个计时器。
- 游戏规则:请同学们在 1 分钟之内,开动脑筋,头脑风暴,尽可能多地说出这支铅笔的用途。
- 游戏小结:通过刚才的小练习我们会发现,当没有规则的束缚,也没有决策者时,大家积极思考,畅所欲言,想出了很多铅笔的用途,有常见的,也有意想不到的。如果我们在生活中不拘泥于对错,尝试从小处着手,换一种思考角度,那么肯定会出现很多出乎意料的好点子!

实训 2:卖苹果

- 实训场地:教室空地。
- 游戏人数:6 人。
- 游戏准备:1 个苹果。
- 游戏规则:苹果在市场上每个大约卖 2 元。如果不考虑客观因素,那么如何将苹果卖出更高的价格? 给大家 3 分钟时间进行讨论,想办法为苹果增值。
- 游戏小结:想要将苹果卖到每个几百元不是什么难事,甚至可以卖到更高的价钱。因此没有做不到,只有想不到。想要产品和服务有特色、有价值,就要开拓我们的创新思维。特别是在当前这个创新创业的时代,只要能产生好的创意和策划,你就会有意想不到的收获。

≫ 见贤思齐

周锦宇:在科创中展翅翱翔

2021 年 12 月 6 日,中央宣传部、教育部公布 2021 年"最美大学生"先进事迹,兰州大学材料与能源学院研究生周锦宇入选,成为 10 位获此殊荣的学生之一。

面向世界科技前沿,面向国家重大需求,周锦宇在创新创造中精耕细作。通过在稀土光功能材料的基础研究中攻坚克难,他让创新成为青春远航的动力,让青春年华在为国家、为人民的奉献中焕发出绚丽光彩。

周锦宇整合创新成果,以负责人身份创建了"真稀——全球首个稀土基多模动态光学防伪验真整体方案提供商"项目,斩获第十二届"挑战杯"中国大学生创业计划竞赛国赛金奖、第七届"创青春"中国青年创新创业大赛国赛金奖、第六届中国国际"互联网+"大学生创新创业大赛(现更名为中国国际大学生创新大赛)国赛银奖。

周锦宇敢于创新、勇于实践,提出"紧跟时代,攻坚克难"的团队口号,牢记习近平总书记的嘱托——科研要提升原始创新能力,努力在科研中实现"从0到1"的突破。"我国虽然是稀土大国,但在稀土功能材料与深加工方面仍处于相对劣势的地位,常常受到来自国外的技术封锁等威胁。"周锦宇感叹道。作为材料专业的学生,他从国家技术的实际需要出发,立志开发更优质的稀土功能材料,以满足国家尖端需求与应用。

"一个新材料的出现,或许在当下看来作用并不大,但是它可能会在解决瓶颈问题上起作用,甚至可能催生出一个新的领域,产生革命性的行业变革。"周锦宇相信,自己的点滴贡献,都将汇入国家材料事业发展的长河中,这也是他坚持科研的最大动力。

在聚光灯下,周锦宇是同学眼中的"大神",是央视荧幕下的"最美大学生",走出鲜花与掌声,他依旧是那个在实验楼挑灯夜战的青年。目前,基于前期的创新突破,周锦宇进一步开发出多种高效的力致发光复合材料,在材料种类丰富性和力致发光亮度上已达到世界先进水平。

谈到对未来的展望,周锦宇的想法既远大又纯粹:"希望机械发光技术能在传感、能源、可穿戴柔性设备等领域发挥更大的作用,在解决瓶颈问题、面向国家重大需求方面有更好的表现。"和千千万万坚守一隅、矢志报国的科研工作者一样,周锦宇秉持初心,在混沌中寻找光明,为进一步提升现有材料体系的发光性能不懈奋斗。

模块二

培育创业素养

≫ 行成于思

在创新与创业的新时代，每个人都可以成为创业者，但不是每个人都可以创业成功。原因就在于，创业是一项巨大而复杂的工程，在这个工程中，创业者作为其中最关键、最具能动性的因素，其能力和素质直接关系着创业活动的成败。

虽然创业者成功的过往各不相同，但毕竟殊途同归，而这种相同的结果背后一定有某种相同或相似的因素在里面，他们身上存在的某些共性的创业素质是创业成功最为根本的原因。那么，创业者需要哪些个人素养？又该如何培养这些个人素养？创业经验从何而来？这些都是每一位创业者的必修课。

通过本模块的学习，你将能够：了解创业身体素质、心理素质、知识素养和能力素养具体包括的内容及注意的事项；理解积累创业经验对创业的重要性；掌握市场调查的方式方法。

第一讲　身体是革命的本钱——创业身体素质

诸葛亮是中国家喻户晓、妇孺皆知的历史人物,他的存在为三国时期的历史增加了浓墨重彩的一笔,没有人怀疑其对蜀国、对蜀汉的忠心耿耿。诸葛亮"鞠躬尽瘁,死而后已",但是他的英年早逝让很多人扼腕叹息。考察所有成功的创业者,在创业的道路上无不充满艰辛,付出了常人难以想象的劳动和汗水,超负荷的工作背后,必须有一个健康的身体作为支撑。

为了更好地工作,你该如何好好地保护好自己的身体呢?

【他山之石】

在数字化和全球化的推动下,现代社会的生活节奏不断加快。持续的"赶场"状态让焦虑、疲惫成了不少年轻人的"标签"。然而,当我们将目光转向那些在各行各业取得巨大成就的精英时,我们发现他们有着共同的特质——善于自我管理。在众多杰出人物中,年过 50 岁的雷军无疑是这一特质的真实写照。

雷军对于自我管理有着独到的理解和实践。他坚信,要想有出色的办事能力,首要就要有健康的体魄。因此,他早早便养成了晨跑的习惯,无论工作日程多么繁忙,他每天都会早起,进行一段不短的跑步。谈到跑步,雷军表示:"早起是必须的,六时半起床去跑步,你会感受到生活多了几个小时""跑着跑着,你的大脑会变得清晰,这是一种状态,让你找到真正的自我"。

在 2023 年的一次采访中,雷军谈到了年轻人是否应该在对的年龄做对的事。他表示原则上支持,但也认为年龄并不重要,心态和体能才是关键。

身体素质在创业过程中的重要性不言而喻。创业者需要具备强大的身体素质,以应对高强度的工作压力、长时间的疲劳和频繁的出差。此外,身体素质也是创业者保持专注、创新和进取心的基础。只有身体健康,创业者才能更好地发挥自己的潜力,抓住机遇并克服挑战。

【学无止境】

1. 健康身体的重要性

有人曾经提出完美人生的三大标准,即健康、财富和自由。其中"健康"是前提和基础。曾有人用这样一组数字"1000000000"来比喻人的一生,这里的"1"代表健康,而"1"后边的"0"分别代表生命中的事业、金钱、地位、权力、房子、车子、亲情、爱情、子女,"0"越多说明这个人越成功。

假如有一天这个人丢了一个"0"或两个"0"有没有关系,有,但不会太大。因为丢了几个"0"还有机会再次获得。但假如没有"健康"这个"1",后面即使有再多的"0"也没有意义。因此,健康永远是第一位的。

2. 健康身体的三道防线

维护身体健康,有以下三道防线。

(1)预防。饮食要科学营养;要适当运动;充分休息,保持6～8小时的睡眠;心态平和地对待一切人和事物;培养良好的个人习惯。

(2)保健。保健是调节亚健康最有效的方法。现代临床及营养学领域普遍认为,有效保健需要从清、调、补三个环节进行:"清"是清除体内毒素,"调"是调节人体机能,"补"则是补充均衡营养。

(3)治疗。治疗主要依靠药物和手术干预或改变特定健康状态。

从健康身体的三道防线中我们可以得出这样一个结论:健康的人需要预防;亚健康的人需要保健和预防;患病的人需要治疗、保健和预防。我们不难看出,每个环节都存在着成本的问题。这就是营养学家提出的著名的"1800定律":今天的1份预防、保健远胜于未来的8份治疗、100份抢救,也就是今天的100元预防、保健远胜于未来的800元治疗、10 000元抢救。预防和保健是维护健康的重要手段。

让我们通过一个测试,了解自己的身体素质状况。

身体素质测试

点拨:对于一个创业者来说,一个健康的身体,无疑是取得创业成功的必要基础,换句话说,只有拥有健康的身体,才能承受巨大的工作压力,保持持久的创业激情,做出斐然的成绩,才可能到达创业成功的顶峰。

【好学深思】

怎样才是大学生健康的生活方式?

大学生正处于人生中充满活力与激情的时期,养成健康的生活方式至关重要。以下是一些建议。

合理均衡饮食

保持营养均衡是健康生活方式的基础。大学生应确保摄入足够的蛋白质、糖类、脂肪、维生素和矿物质,应多吃蔬菜、水果、全谷类食物和瘦肉,同时要控制糖分和盐分的摄入。

定期有氧运动

大学生应每周至少进行 150 分钟中等强度的有氧运动,或者 75 分钟高强度的有氧运动。运动可以维持身体健康,同时有助于缓解压力和保持心理健康。

做到规律作息

保证充足的睡眠是维持身心健康的重要因素。大学生应尽量保持规律的作息,每晚睡眠时间应为 7 ~ 9 小时。

学会管理压力

大学生面临课业压力、人际关系压力等多方面的挑战,学习如何有效管理压力对于保持身心健康至关重要。大学生可以通过运动、冥想、呼吸练习、养成良好的睡眠习惯等方式来缓解压力。

培养兴趣爱好

除专业知识外,大学生可以学习新的技能或培养兴趣爱好,这不仅有助于大脑的发展,还有助于增强自信心和扩展人际关系。

保持积极心态

积极的心态有助于更好地应对挑战和压力。大学生可以通过自我肯定、积极思考和解决问题的方式来保持积极的心态。

【各抒己见】

下面看看小伙伴们是如何认识身体素质的。

● 学生小萌:我还年轻,熬夜什么的都是小事,睡一觉什么事情都没有。

● 学生小艾:我吃嘛嘛香,身体棒棒! 锻炼的事情别找我,我认为生命在于静止。

● 学生小昕:身体是革命的本钱,锻炼身体从现在做起。

● 学生小叶:调整好自己的情绪和情感也是提高身体素质中很重要的一部分。

点评:

小萌和小艾自认为年轻,忽视身体健康,这是得不偿失的。年轻的时候亏欠自己身体的,总有一天会补回来,到时候,亡羊补牢,为时已晚。

小昕和小叶意识到身体素质的重要性,尤其是小昕,注意到要想拥有良好的身体,不但要注重健康的饮食、科学的锻炼,而且要保持积极的情绪。只有身体健康,自身的才能才有施展的机会。

第二讲 内心强大方为强者——创业心理素质

创业是对人的素养能力的全面检验,尤其是对人的心理素质的考验。从某种角度而言,创业心理素质是创业成功的"催化剂"。

你是否具有良好的创业心理素质?如何才能成为一个内心强大的勇士呢?

【他山之石】

在北京泡泡玛特文化创意有限公司(以下简称泡泡玛特)的崛起之路上,创始人王宁的创业心理素质无疑起到了举足轻重的作用。

坚韧不拔的意志是王宁创业成功的基石。在泡泡玛特创立之初,市场对潮流玩具的接受度有限,王宁遭遇了诸多困难和质疑。但他坚信潮流玩具市场具有巨大潜力,没有因一时的挫折而放弃,而是坚持不懈地推动品牌发展,逐步打开市场。

乐观积极的心态使王宁在面对不确定性时保持信心。在潮流趋势不断变化、消费者喜好难以捉摸的情况下,他总能以乐观的视角看待问题,将挑战视为机遇。这种心态不仅帮助他在困境中保持冷静,还促使他积极探索新的商业模式和产品创意。

强大的自我调节能力让王宁在泡泡玛特的发展过程中迅速适应变化。当市场竞争加剧时,他能够及时调整经营策略;当公司内部出现管理问题时,他能果断采取措施进行优化。他的这种能力使泡泡玛特能够在复杂多变的商业环境中保持灵活性和竞争力。

勇于冒险和创新的精神是王宁引领泡泡玛特脱颖而出的关键。他大胆引入盲盒销售模式,这种创新在当时颇具风险,但王宁敢于突破传统,凭借独特的商业眼光和勇气,成功打造了泡泡玛特的核心竞争力。

此外,王宁还具备坚定的信念和使命感。他致力于为消费者带来快乐和惊喜,这种信念支撑着他在创业道路上克服重重困难,不断追求卓越,使泡泡玛特成为深受消费者喜爱的品牌。

综上所述,王宁的创业心理素养是泡泡玛特取得成功的内在动力,帮助他在充满挑战和机遇的创业之旅中坚定前行,实现了泡泡玛特的辉煌成就。

【学无止境】

1. 充满热情的内在动力

如果创业者对自己选择的事业缺乏足够的兴趣,仅仅是为创业而创业,那么其中的痛苦自然不言而喻。兴趣和爱好是从事一项事业的基础,对于创业者来说,只有对自己的事业具有浓厚的兴趣,才会在创业的过程中保持长久的工作热情和创业激情。

2. 搏击风浪的精神勇气

古有"破釜沉舟""背水一战"的典故,《孙子兵法》中讲"投之亡地然后存,陷之死地然后生"的策略。在很多时候,机会与冒险并存,"无限风光在险峰",险峰之上,自有一番"会当凌绝顶,一览众山小"的壮志豪情。

3. 切合实际的理性精神

有一则故事:有人问哲学家,什么叫冒险? 什么叫冒进? 哲学家这样回答,假设有一个山洞,山洞里有一桶金子,你要进去把金子拿出来,如果那个山洞是一个狼洞,你这就是冒险;但如果那个山洞是一个老虎洞,你这就是冒进。

这个故事告诉我们,冒险是你经过努力有可能得到想要的,并且那东西值得你去付出,否则你只是冒进。创业需要冒险精神,但冒险不等于冒进,更不等于蛮干,创业更需要理性,需要对市场进行冷静的观察和分析,以及对形势进行清醒全面的认识。

创业不是冲动,是深思熟虑之后的选择,是理性的坚持。市场是残酷的,它不会因弱小者弱小而显现出丝毫的同情。兵法中讲究天时、地利、人和,创业也是需要条件的。创业能否成功,取决于创业者对于行业的判断,取决于创业者的成熟度,取决于创业前期的积累与沉淀,以及由此形成的个人素质和素养。

让我们通过一段视频,看看青年创业者面对巨大的创业压力时是如何进行心理调适的。

创业者自我
心理调适

点拨:创业路上几多风雨,能否见到最后的阳光和彩虹,心理素质尤为重要,对创业者而言,良好的心理素质是迎接困难的强心剂,是取得成功的催化剂,更是面对成功的镇静剂。

【好学深思】

创业者应该具备哪些心理素质？

在严峻的环境下，创业者的心理素质成了创业者创业成败的一个关键点，那么创业者需要具备哪些心理素质呢？

独立自主，合作共赢

创业者要有独立自主的个性品质，它主要体现在：自主抉择，即在选择人生道路、创业目标时，有自己的见解和主张；自主行为，即在行动上很少受他人影响和支配，能按自己的主张将决策贯彻到底；行为独创，即能够开拓创新、不因循守旧、步人后尘。创业需要与客户、公众媒体、企业内部员工打交道，需要通过语言、文字等多种形式，与周围的人进行有效的交流与沟通。创业需要通过合作排除障碍、化解矛盾、增强信任，降低工作难度，合作有助于事业的成功。

承担责任，避免盲从

在市场经济大潮中，机会与风险共存。只要从事创业活动，就肯定有风险伴随，事业的范围和规模越大，可能取得的成就越大，伴随的风险越大，因承受风险而产生的心理负担也就越大。立志创业，必须有胆有识、敢于实践、敢冒风险。在创业过程中，创业者要善于克制、防止冲动，积极有效地控制和调节自己的情绪，使自己的活动始终在正确的轨道上进行，不会因一时的冲动而做出缺乏理智的行为。

探索创新，坚持不懈

创业者需要百折不挠、坚持不懈的毅力和意志，应能够根据市场的需要和变化，确定正确且令人奋进的目标，并带领员工摆脱逆境、实现目标。创业者必须有一颗持之以恒的进取心。面对市场的复杂变化和激烈竞争，创业者能否灵活地调整自我、适应变化，成为创业成功的关键所在。创业者应具有较强的适应能力，要对问题或事件进行周全的考虑，善于总结经验和吸取教训，能够面对现实及时做出适当的调整，为将来积蓄力量。

【各抒己见】

下面看看小伙伴们是如何认识创业心理素质的。

- 学生小萌：产品和服务是创业成功的王道，心理素质差一点没有关系。

- 学生小艾:心理素质不够,知识和能力素养来凑。
- 学生小昕:良好的心理素质是创业成功的基石。
- 学生小叶:我要注重自己心理素质的培养,只有这样才有可能成功创业。

点评:

小萌和小艾还没有认识到创业心理素质的重要性。在创业的过程中,创业者会面对不同的人、不同的事,要处理各种突发状况,没有良好的心理素质,即使有再好的产品和服务,创业也会功亏一篑。

小昕和小叶注重良好心理素质的培育,在将来的创业道路上,遇到困难可以保持清醒和理智,面对机遇能够冷静和从容,这样就会离成功更进一步。

第三讲　知识是力量的源泉——创业知识素养

　　创业知识素养对创业起着举足轻重的作用。在知识大爆炸、竞争日益激烈的今天，单凭热情、勇气、经验，就想要成功创业是很困难的。创业者还需要掌握广博的知识，具有一专多能的知识结构。

　　你认为创业知识应该包括哪些方面呢？

【他山之石】

　　任正非，1944 年 10 月出生于贵州省镇宁县。在减轻生活压力和创出一番新天地的双重动力之下，任正非于 1987 年创办了华为技术有限公司（以下简称华为），启动资金只有 2 万元，业务是销售通信设备。

　　任正非能在 43 岁的“高龄”勇敢创业，是源自他对通信设备的精通。他 19 岁考上重庆建筑工程学院（现并入重庆大学）。他的父亲特别嘱咐：“记住，知识就是力量，别人不学，你要学，不要随大流。”在父亲的叮嘱下，任正非排除干扰，苦修数学、哲学，并自学了 3 门外语，奠定他事业基础的计算机技术、数字技术、自动控制技术等，也是在这个时期开始入门的。

　　后来，任正非入伍当通信兵，参与一项军事通信系统工程时取得多项技术发明创造，两次填补国家空白。33 岁时，他因在技术方面的突出成就被选为军方代表，到北京参加全国科学大会。

　　43 岁“高龄”创业，这需要一定的勇气。在勇气的背后是日积月累的知识素养，这是创业的强大后盾。对知识的学习永远不晚，也永远不够，对于创业者来说更是如此。

【学无止境】

1. 国家关于创业的政策、法律方面的知识

　　当前，为鼓励大学生创业，政府出台了一系列优惠政策，颁布和完善了相关的法律、法规，为大学生创造了一个良好的创业环境。在了解创业政策的过程中

应注意以下几点。

(1)理性看待创业政策。创业政策是个人创业的助推剂,但不是个人创业的"万能药",任何人都不能仅仅依靠政策来创业,也不能为了享受政策而创业。

(2)选择合适的创业政策。每个人的创业方向、创业特点各不相同,每项创业政策的适用范围和对象也不同,个人在面对创业政策时,要选择适合自己的。

(3)发挥创业政策的实际效用。在选择了适合自身的创业政策后,要切实发挥创业政策的实际效用,使创业政策的运用能真正降低经营成本,改善经营状况,提升经营能力。

2. 创业所在领域的专业知识

创业要选择自己擅长的行业,因为只有对本行业的供需状况、市场前景及专业知识和技能了然于心,才能在创业的过程中避免盲目性和投机性,争取最大的成功概率。

(1)开业知识。这类知识包括怎样办理税务登记,纳税申报有哪些规定和程序,如何领购和使用发票,等等。

(2)营销知识。这类知识包括市场预测与调查,消费者心理、特点和特征,定价策略,产品促销策略,等等。

(3)资金及财务知识。这类知识包括信用及资金筹措知识,资金核算及记账知识,证券、信托、投资知识,财务会计基本知识,外汇知识,等等。

3. 社会知识及其他知识

创业是一种社会性的活动,与整个社会有着千丝万缕的关系。创业者是一个社会人,需要在社会上同各种人交往,获取资源,求得发展。所谓"世事洞明皆学问,人情练达即文章"。一个深谙世事的创业者在社会中可能如鱼得水、游刃有余;而一个不食人间烟火的创业者在复杂的社会中注定要遭遇人际壁垒,甚至铩羽而归。

让我们通过一段视频,感受具备知识素养的重要性。

知识素养的魅力

点拨:雨伞是生活中必不可少的物品。雨伞滴水、撑开不方便等使用体验,我们每个人都经历过,但因为没有创业知识作为支持,即便把握了消费者的痛点,我们能做的可能也只是抱怨,而与创业机会擦肩而过。视频中的主人公具备相关的专业知识,在选材和设计方面都充分发挥了自己的主观能动性。这样的产品一定能够在残酷的商业竞争中脱颖而出,在瞬息万变的商业社会中掌握更多主动权。

【好学深思】

创业者提升创业知识素养的途径有哪些?

创业是一项充满挑战和风险的任务,需要创业者具备一定的创业知识素养。创业者可以通过以下途径提升创业知识素养。

学习市场分析

市场分析是创业过程中最重要的一环,它直接关系到创业者的商业模式、产品定位和营销策略。因此,创业者需要学习如何进行市场分析。市场分析包括市场规模、市场需求、竞争格局、消费者需求等方面的分析。创业者可以通过市场调研、竞品分析、行业报告等方式进行市场分析,同时要善于利用互联网和社交媒体等工具获取市场信息。

掌握商业模式设计

商业模式设计是创业者成功的关键之一。创业者需要根据市场需求和自身资源优势设计出合适的商业模式。商业模式设计包括价值主张、收入来源、成本结构等方面的设计。创业者可以通过学习商业模式画布、商业模式分析等方式掌握商业模式设计的方法和技巧。

了解融资渠道

创业需要资金支持,因此创业者需要了解融资渠道。融资渠道包括天使投资、风险投资、银行贷款等多种方式。创业者需要根据自身情况选择合适的融资方式,并且了解融资过程中需要注意的事项。同时,创业者还需要具备与投资人交流和谈判的技巧。

提高团队管理能力

团队管理是创业者必备的能力之一。创业者需要具备团队建设、团队激励、团队沟通等方面的能力。创业者可以通过学习团队管理理论、参加管理培训等方式提高团队管理能力。

积极参与创业社区

创业社区是创业者交流和学习的重要平台。创业者可以通过参加创业社区的线上和线下活动,了解最新的创业趋势方向。同时,创业社区也是创业者交流合作的重要场所。

【各抒己见】

下面看看小伙伴们是如何认识创业知识素养的。

- 学生小萌:实践出真知,多实践就什么都知道了。创业知识不必刻意地去学习。
- 学生小艾:知识等有用的时候再学也不迟。
- 学生小昕:万丈高楼平地起,创业知识要靠平时一点一滴地积累。
- 学生小叶:生活中处处都有知识可以学习,只有不断学习才能跟得上时代的步伐。

点评:

小萌和小艾偏重创业实践、轻视创业知识的想法和做法是不对的,知识用时方恨少,平时的积累很重要。

小昕和小叶态度端正,经过长时间的积累和沉淀,加上脚踏实地的实践运用,在实现自己创业梦想和价值的路上一定会越走越远。

第四讲　工欲善事必先利器——创业能力素养

具备哪些能力的人才适合创业？对于这个问题，我们可以从已经成功的创业者身上寻找共性。例如，理想汽车的李想、大疆创新的汪滔、蜜雪冰城的张红超等都具备一些共同的特点——充满激情但又非常理性，他们不是单纯地享受创业过程，而是为了追求一个好的结果。他们做的都是自己最爱的事情，因此每天工作量极大却不知疲倦。他们是自己产品和服务的最好的质检员及改进者，持续地钻研，不断地创新。

你认为创业能力素养还应该包括哪些方面呢？

【他山之石】

如今，喜茶已成为茶饮市场的领导者之一。在这个成功的背后，离不开一位名叫聂云宸的年轻人坚持不懈的努力。

聂云宸的创业之路始于 2012 年，当时年仅 20 岁的他怀揣着对茶饮的热爱和创业的梦想。在广东省江门市的一个小镇开始了他的创业之旅。资金不足、经验欠缺，让他的创业之路充满挑战，但他始终坚持自己的想法，最终一步步走向成功。

在创业初期，聂云宸进行了详细的市场调查，发现市场上的茶饮品质参差不齐，而且缺乏一个年轻时尚的品牌。他敏锐地捕捉到了这个商机，决定将喜茶定位为一个专注于提供高品质茶饮的品牌。为了实现这个目标，聂云宸亲自挑选茶叶、调制茶饮口味，并不断进行市场试销。他不仅注重产品的品质，还关注消费者的需求，将健康、时尚、年轻的理念融入产品中。在经过无数次的尝试和改进后，喜茶的独特口味和品牌形象逐渐得到了消费者的认可。

在营销策略上，聂云宸结合互联网时代的特性，运用社交媒体、网络广告等方式扩大品牌知名度。此外，他还举办了一系列有趣的线下活动，如茶饮制作教学、品茶会等，吸引了大量年轻人的参与。这些举措不仅提高了喜茶的知名度，还塑造了喜茶时尚、年轻的品牌形象。

经过几年的努力，喜茶逐渐在市场上崭露头角，销售额持续增长，市场占有率也逐渐提升。如今，喜茶已经成为茶饮行业的佼佼者，品牌价值不断提升。

聂云宸的创业故事给我们带来了许多启示。首先，勇敢追梦是创业的关键。聂云宸凭借对茶饮的热爱和自己的梦想，勇敢地走上了创业之路。其次，敏锐的市场观察力是创业成功的要素之一。聂云宸准确地捕捉到了市场上的商机，将喜茶定位为一个高品质、时尚、年轻的品牌。再次，坚定的决心和毅力是创业必不可少的品质。聂云宸在面对资金不足、经验欠缺等困难时，依然坚持不懈，最终走向成功。聂云宸的创业故事是一个充满激情、拼搏与成功的范例。他的经历告诉我们，只要我们勇敢追梦、敏锐观察市场、坚持不懈，就能在创业的道路上取得成功。

【学无止境】

1. 专业能力

专业能力是创业的前提能力。在初次创业时，创业者应该从自己熟悉的行业中选择项目。这样就能避免许多"外行领导内行"的尴尬局面，大大提高创业的成功率。

2. 方法能力

方法是指创业者在创业过程中所需要的工作方法。方法能力是创业的基础能力，包括信息的接受和处理能力、捕捉市场机遇的能力、分析与决策能力、申办企业的能力、确定企业布局的能力、发现和使用人才的能力、理财能力、控制和调节能力等。

创业者如果具备了专业能力和方法能力，就可以说是万事俱备只欠"东风"了，"东风"即社会能力。

3. 社会能力

社会能力是创业的核心能力。社会能力与情商的内涵有许多共同之处，是创业成功的主要保证。社会能力包括人际交往能力、谈判能力、企业形象策划能力、合作能力、自我约束能力、适应变化和承受挫折的能力。

专业能力、方法能力和社会能力是创业者成功创业所应具备的能力素养。我们说创业是一个拼体力的活动，更是一个拼能力的活动。如果你有心进行创业，你就应该像猎犬一样训练自己的创业能力素养。良好的创业能力素养是创业者成功的最好保证。

让我们通过一段视频，感受具备能力素养的重要性。

能力素养的
力量

    点拨："纸片人"逯爱岩之所以能够成功，赢得观众的阵阵掌声，方法能力起到关键作用，具体来说是分析与决策能力。在真人选秀节目遍地开花的时候，单纯的唱歌、跳舞、模仿都略显单薄，但以"纸片人"的形式表演经典剧目让大家眼前一亮，也成功开启了逯爱岩的演艺生涯。优秀的创业者同样需要具备这些能力素养。

【好学深思】

创业者提升创业能力素养的途径有哪些？

认真学习相关知识

知识可以促进素质与能力的发展。任何素质与能力的形成及提升都是在掌握和运用知识的过程中完成的，创业素质与能力也不例外，在学习专业文化知识的过程中，认真思考，吸取前人的经验，能够锻炼自己综合分析问题的能力。学习知识要将学习、思考与实践结合起来，经过自己的消化、吸收，转化为运用知识的手段和本领，进而为创业素质与能力的形成及提升打下坚实的基础。

积极参与社会实践

实践是提升创业素质与能力最有效的途径。大学生可以利用课余时间进行尝试性、见习性的创业实践活动，既可以参与别人的创业活动，也可以自己投入一些小资本进行创业活动；既可以参加创业情景模拟，开展有关创业活动的情景体验，如知识产品推销、应聘面试等，也可以利用实习进行创业实践训练。在实习期间，大学生不仅要通过训练提高自己的专业技能，还要通过有意识地观察掌握经营管理方面的能力和销售方面的技巧。

对创业成功人士进行访谈

通过访谈方式，直接向创业成功人士（特别是想进入的那个领域中的创业成功人士）进行请教，听听他们对创业的体会与建议，学习他们成功创业的经验，能有针对性地培养和提升自己的创业素质与能力。当然我们必须清醒地认识到，创业能力素养的提升不是一蹴而就的事情，大学生应在日常生活与实践中有意识地学习，使自己逐渐成长起来。

49

【各抒己见】

下面看看小伙伴们是如何认识创业能力素养的。

- 学生小萌：创业能力与生俱来，根本不用锻炼与培养。
- 学生小艾：能力就是实践，只要肯吃苦，能力自然有！
- 学生小昕：对创业者来说，创业能力素养必不可少。
- 学生小叶：知识和能力素养处于不同的层面，是相辅相成、相互联系的。知识素养是表层，是基础；能力素养是里层，是核心。

点评：

小萌和小艾对创业能力素养锻炼与培养的认识是片面的，遗传因素固然有一定的作用，但是关键还要靠后天的努力。

小昕和小叶能充分认识到创业能力素养的重要性，如果能够从现在做起，持之以恒，注重培养自己的创业能力素养，那么创业成功一定指日可待。

第五讲　九层之台起于累土——创业经验积累

　　有人说:经验是知识的源泉、行为的指南、成功的基石、事业的明灯、成长的阶梯。对于创业来说,经验具有举足轻重的意义。

　　你认为创业经验该如何积累? 创业经验的获取又有哪些途径呢?

【他山之石】

　　在中国的互联网行业中,周鸿祎似乎是颇具代表性的一个。周鸿祎曾经在北大方正集团有限公司(以下简称北大方正)做过工程师,后来创办北京三七二一科技有限公司(以下简称3721公司)被雅虎公司收购,他本人也出任雅虎中国CEO。在3721公司,周鸿祎开发了"3721"软件并赚得了人生的第一桶金,"360安全卫士"更是让周鸿祎找到了人生的辉煌和亮点——依靠装机量第二的客户端软件跻身中国互联网领军人行列。

　　说到创业,周鸿祎并不鼓励所有大学生都去创业。他认为中国商业环境太复杂,不是只有激情和专业技能就能成功,大学生创业需要积累和历练。

　　"我鼓励创业,是把创业当成一种心态,一种梦想,希望改变世界。"周鸿祎建议,大学生念大学的时候还是要学好专业课知识。"大学生不妨先就业,但一定要怀着创业的心态去就业。有创业想法的大学生应该加入创业公司,虽然有风险,但能找到师傅、团队,能够体验一段创业的经历。""刚毕业的三五年里,学习和积累最重要,因为这决定了未来是否能够干成自己的事业。"周鸿祎现身说法,当年他也有机会去银行和国企,但他当时选择了处在创业期的北大方正,他的想法是,既然想做软件公司,就该到一个软件公司从底层干起。

　　因此,创业什么时候都不晚,创业前期的经验积累很重要。

【学无止境】

1. 通过学习、兼职等方式获得创业的初步经验

大学时代是人生的一个黄金时代,是实现自我蜕变、明确人生定位的关键

时期。

机遇总是垂青有准备的人，对有创业意向的大学生来说，大学期间就应为以后的创业做一些初步的准备，积累一些必要的经验。一般来说，大一学生应主动接受职业价值观方面的教育，了解自己的兴趣、特长和专业背景，为今后选择创业、确定职业目标奠定基础。大二、大三学生通过参加社会实践和实习活动，对专业的社会需求和发展前景深入了解，根据实践中自我适应程度的反馈信息，反思和调整自己的职业取向，初步确定与自己能力相吻合的职业选择。

2. 通过在一家公司工作获得创业的初步经验

在一家公司工作是目前较受欢迎的创业经验积累的一种方式，相比在学校积累创业经验，在一家公司工作更接近于实战，不失为积累经验的更好选择。

大部分成功的创业者创业前有为别人工作的经历，这种经历使他们对本行业情况了然于胸，在复杂的人际关系中游刃有余，整合资源的能力大大提高，并有可能积累到人生第一笔创业资金，这些直接构成了创业前积累的宝贵的职业财富。

让我们通过一段视频，了解积累创业经验的重要性。

厚积薄发

点拨：小刁同学在创业之前做了大量的兼职，相信她后来鱿鱼店的成功和之前的促销经验一定有着"剪不断"的关系。小刁同学通过兼职了解顾客的需求，掌握更好的促销方法，不仅减轻家人的经济负担，还为自身的创业打下了坚实的基础。

【好学深思】

积累创业经验的方法有哪些？

"没有金刚钻，别揽瓷器活"，对于一个创业者来说，没有足够的经验，怎么能轻易地进入商海？成功源自你平时的积累，只有拥有经验及创业的素质，你才能更快地进入状态，才能在创业的路上走得更平坦。既然经验的积累如此重要，那么在日常生活中创业者该如何积累经验？

利用好图书馆

创业者在创业中必须先积累相关的专业知识，而图书馆正是能提供给你这方面知识的良好场所。在阅读的过程中,可以将重要的内容记录下来,在平时经常翻阅。有了足够的书本知识的积累,你不但会形成有体系的创业思维,而且能充分打开眼界。

利用好报纸媒体

现在无论是报纸还是网上,都有不少关于创业方面的资讯,如《创业者报》《21世纪经济报道》及"中华英才网""中国创业网"等,都能为你提供一手的创业信息。很多新鲜的事物、想法、点子可能就隐藏在其中。除此之外,丰富的创业案例和知识,也能为你补给养分。

利用好工作经验

在创业之前,很多人选择就业。人们常说"欲创业,先就业",一是因为没有资金,二是因为没有经验。为他人打工几年,积累足够的工作经验,对于创业者来说是十分必要的。工作几年后,他们对本行业的情况足够熟悉,收集信息、整合资源的能力大大提高,也构筑了自己的人际网络,再加上有了可以创业的资本和人才,就真正具备了创业者的素质。

周鸿祎就是通过先就业再创业的方式创业的。他说:"时机不成熟,先给别人打工。把公司让我做的事情做好,提高自己的能力,逐渐地就知道创业的方向了。我不赞成年轻人刚毕业就创业,我认为他们还是应该在公司里踏踏实实干五六年。虽然是打工,实际上是公司在给你'缴'学费,你通过不同的平台积累经验——这是任何老板都剥夺不走的。只有积累了这种经验,你的创业能力才更强,创业才更有把握。"

利用好身边的成功人士

不用去寻找什么创业大师,你身边可能就有很多有创业经验的人。如果留心观察,你就会发现,在他们那里,你可以得到很多的创业技巧与经验,而且更直接、更真实。这些经验要比书本更能带给你启发,也更符合现实。

创业者平时应主动接受职业价值观方面的教育,并进一步了解自己的兴趣、特长,为今后选择创业、确定职业目标奠定基础。几年的工作经验将会让你对专业领域的市场需求和发展前景有更好的把握,并能在实践中不断自我反馈,不断调试自己的创业方案,以初步确定适合自己的职业选择。

以上就是一些积累创业经验的方法,而创业经验必须是在经历了兢兢业业地工作、不懈地努力之后,提炼出来的心得。除此以外,创业者必须拥有明确的目标、充足的干劲及活跃的思维。

【各抒己见】

下面看看小伙伴们是如何认识创业经验积累的。

- 学生小萌:大学两年我一直都兼职发传单,我的创业经验绝对够丰富。
- 学生小艾:创业知识和能力比创业经验更重要。
- 学生小昕:兼职是获取创业经验的一个渠道。
- 学生小叶:创业经验积累要早做准备。

点评:

小萌和小艾对创业经验积累的认识比较偏颇,做兼职可以积累创业经验,但绝对谈不上丰富;在创业面前,知识和经验同样重要,不分伯仲。

小昕和小叶对创业经验积累的认识相对而言比较全面。路是一步一步走出来的,经验需要一点一滴地积累。成功绝非偶然,万丈高楼平地起,创业之前可以先从兼职开始积累经验。

第六讲　千里之行始于足下——市场调查

现在网上经常可以看到这样的广告:"×× 年最具潜力的 × 大项目""×× 年最热 × 大行业"等,这些广告让年轻的创业者热血沸腾,跃跃欲试。有激情固然是好的,但是在做决定之前,一项基本的程序必不可少,这就是市场调查。

《孙子兵法》云:"知彼知己,百战不殆。"商业活动是一场没有硝烟的战争,能否掌握战争的主动权就在于是否进行了有效的市场调查,即所谓"躬行出真知"。

你认为该如何进行有效的市场调查呢?

【他山之石】

理想汽车践行"超越用户需求,打造最卓越的产品和服务"的价值观,始终把用户价值放在第一位,在产品打造逻辑上从用户需求出发,以安全感、价值感和向往感为原则。安全感是底线,价值感以家庭为目标去打造,向往感要满足用户对美好场景的期待,同时符合用户对自身身份的认知,在三个层面都不能出现明显短板,这是理想汽车取得市场认可的实践经验。

2023 年 10 月,理想汽车的月交付量创历史新高,突破 5 万辆,达到 51 443 辆,同比增长 27.3%。截至 2024 年 10 月 31 日,理想汽车全年累计交付 393 255 辆。随着产能的稳步提升,公司历史累计交付量已突破 102 万辆大关,创造中国汽车行业的奇迹。此外,理想汽车售价 30 万元以上的 SUV 的月销量超过特斯拉豪华新能源汽车月销量,成为中国第一豪华汽车品牌。到 2025 年,理想汽车计划形成"1 款超级旗舰车型 +5 款增程电动车型 +5 款高压纯电车型"的产品布局,面向 20 万元以上的市场,全面满足家庭用户的需求。

理想汽车为什么能发展得这么好?

一个很重要的原因是理想汽车精准地捕捉到了消费者在豪华汽车市场中的需求。通过深入的市场调研,以及对竞争对手的详尽分析,理想汽车准确地找到了消费者在购车过程中的关注点和痛点,并针对这些需求提供了更能满足消费者期望的产品和服务。

理想汽车的产品品质卓越,超越了消费者的期待。无论是设计、配置还是性能,理想汽车都力求做到最好,以满足消费者对豪华汽车的期待。同时,理想汽车也注重产品的持续升级和创新,以满足消费者不断变化的需求。

【学无止境】

1. 环境调查

环境调查的环境主要是指市场所在地的政治法律、经济、社会文化、科学技术、地理气候环境等因素的总称。当然,创业者所面对的市场环境各不相同,有的可能局限于一条街道、一个社区,有的可能面向一个县城、一座地市,而有的可能辐射一个省区、一个国家,甚至整个世界。但无论创业者面对怎样的市场环境,都必须对所在地的宏观环境进行考察分析,即我们平常讲的"因地制宜"。

2. 产品调查

创业者总是以一种产品或服务进入某个目标市场,进行自己的掘金活动,那么对于创业者而言,必须了解同类产品在目标市场中销售的具体业绩、品牌、规格、来源、价格,了解当地市场有关产品的消费变化,调查同类产品在当地的年消费量、消费者数量、消费范围、消费频度等。

3. 行业调查

我们也许都注意到生活中的这样一种现象:工业制成品(如彩电、微波炉、空调、计算机等)的价格一降再降,早些年属于奢侈品的手表、自行车、半导体等更成"明日黄花",与此相反,一些服务行业的价格却节节攀升。例如,共享服务领域及家政服务行业的价格水涨船高。这一现象带给我们一种启示:我国产业利润正悄悄转移,而在商海的浮浮沉沉中,各行业境遇早已是"三十年河东,三十年河西"。那么哪边是"河东"? 哪边又是"河西"? 这就需要我们进行行业调查。

4. 顾客调查

"顾客至上"是许多商家坚守不移的商业格言。因为就整个生产销售过程来看,顾客是关键因素,顾客对产品的接受程度直接决定了商业活动的成败。随着顾客意识的不断觉醒及顾客地位的日益凸显,企业经营观念正在发生变化:20世纪 20 年代以前,企业经营以生产观念为主,"皇帝女儿不愁嫁";后来转变为以产品观念为主，"好酒不怕巷子深"；而现在，则注重市场营销观念，"皇帝的女儿也愁嫁""好酒也怕巷子深"。

让我们通过一段视频，感受如何通过市场调查发现好的创业项目。

制胜法宝

点拨：市场调查是创业中不可或缺的一环，它可以帮助我们更好地了解市场和用户需求，制定更加精准的竞争策略，提高创业项目的成功率。因此，在创业项目中，我们要注重市场调查，把握市场先机，为创业项目的成功打下坚实基础。

【好学深思】

如何开展市场调查？

市场调查是一个系统的过程，旨在了解市场动态、竞争格局和消费者需求。以下是进行市场调查的一般步骤和方法。

明确市场调查的目的和内容

市场调查的目的可能包括了解市场规模、发展前景、竞争对手，进行消费者分析等。在开始调查之前，需要明确想要了解的信息，以便更有针对性地进行后续的调查工作。

设计调查方案

设计调查方案是市场调查的关键步骤之一。这包括确定调查对象、调查内容、调查地区范围、样本的抽取方法等。此外，还需要设计调查表或问卷，以确保能够有效地收集所需信息。

选择合适的调查方法

进行市场调查的方法有很多种，包括询问法、观察法、实验法等。询问法指通过向被调查者提问来收集信息，观察法指通过现场观察来收集信息，实验法则指通过实际的营销活动来收集信息。选择哪种方法取决于市场调查的具体内容和目标。

收集和整理数据

收集数据可以通过问卷调查、面谈、电话访问等方式进行。收集到数据后，需要进行数据清洗和整理，以确保数据的质量和准确性。这一步骤可以使用统计学的方法和工具，如 Excel 工作表格。

分析数据

数据分析是市场调查的重要环节。通过对收集到的数据进行统计分析，可以得出有价值的结论和内容。常见的市场调查分析模型包括 PEST（Political, Economical, Social, Technological）分析法、SWOT（Strength, Weakness, Opportunity, Threat）分析法、4P（Product, Price, Promotion, Place）营销理论等。

撰写调查报告

调查报告是市场调查的最终成果，它应该清晰地阐述调查的目的、方法、结果和结论。调查报告的内容应包括背景介绍、问题定义、数据收集和分析、结论和建议等。

通过上述步骤，可以进行一次有效的市场调查。需要注意的是，进行市场调查需要专业知识和技能来确保准确性和可靠性。在实际操作中，可能需要借助专业的市场调查公司或工具来提高效率和质量。

【各抒己见】

下面看看小伙伴们是如何认识市场调查的。
- 学生小萌：产品和服务是创业的关键，只要产品和服务好，就可以不做市场调查。
- 学生小艾：市场调查就是对所处市场环境的调查。
- 学生小昕：通过市场调查，可以发现一些新的商机和需求。
- 学生小叶：市场调查是企业了解目标市场需求和竞争对手情况的真正有效的手段。

点评：

小萌和小艾对市场调查的认识是错误的，在现代社会中需求随时都在发生变化，即使产品和服务再好有时候也会面临"酒香也怕巷子深"的尴尬，因此在创业的过程中进行市场调查是必需的。

小昕和小叶树立了正确的市场调查的意识，通过市场调查能够正确认识市场的需要和欲望，从而更好地占领市场。

实训 1: 妙笔生花

- 实训场地:室内空地。
- 游戏人数:1 名教师,6 名学生。
- 游戏准备:细绳 30 米,大毛笔 1 支,墨水一瓶,水桶 1 个,白纸或报纸若干。
- 游戏规则:每两人手中握一根绳子,共同控制一支大毛笔(中间打结),蘸墨水在纸上写字,每个人的拉绳半径不低于 1.5 米。小组成员不能接触大毛笔,共同练习写出"创新 WIN 未来"几个字。时间是 5 分钟。
- 游戏小结:团队对于创业者,就如同水之于鱼,其重要性不言而喻。罗马非一日建成,也更不可能是一个人建成的。最后的成功需要团队成员的各尽其能与相互配合。在创业的道路上,充分发挥团队的力量,最后的成功一定属于你!

实训 2: 扑克牌搭建高塔

- 实训场地:室内 6 角桌。
- 游戏人数:1 名教师,6 名学生。
- 游戏准备:扑克牌 1 副,剪刀 1 把。
- 游戏规则:6 名学生分成两组,以小组为单位,在 5 分钟时间内用 1 副崭新的扑克牌(54 张)自由搭建高塔。具体要求如下。

(1)搭建的过程中允许将扑克牌弯折,但不得折断,高塔最多只能使用 54 张牌。

(2)高塔的搭建不得借助任何外力,搭建完成后,可举手示意老师来量高度,但高塔必须在不借助外力的情况下保持 30 秒。

(3)以最后高度决定名次,若高度相同,则用时少者为胜。每个小组只提供一次成绩参加评比。

(4)进行第二轮比赛时,所有的规则不变,附加一条:提供剪刀 1 把,如果需要使用则可以借,每次使用时间为 5 秒,需要付 5 张扑克牌作为费用。

- 游戏小结:商场如战场,如何利用好现有的资源,如何借力于别人的资源，这都是我们需要考虑的问题。用扑克牌搭建高塔，我们有重来的机会，但创业路上没有"后悔药"，每步都需要我们三思而后行。希望同学们在生活和学习中都能够最大限度地利用资源，搭建够高、够稳的属于我们自己的人生高塔。

≫ 见贤思齐

高深圳：要做就做行业标杆

大家好，我叫高深圳，山东省滨州市邹平市人，东营职业学院2013届计算机网络技术专业毕业生，现任山东随羿视觉网络科技有限公司总经理。2012年大学期间，我创办了随羿影像工作室，2013年注册为山东随羿视觉网络科技有限公司，并相继建立了两个子公司，主要在互联网营销、系统开发、电商领域发展。公司有正式员工41人，年营业额为600万元；每年带动母校学生实习或就业70人，长期为母校免费运营创业信息网和中国大学生创业孵化网，同时成立了东营职业学院随羿科技创新创业基金。

2010年刚入学，我就参加了各种学生会组织，摄影协会、记者团、学生会，曾担任计算机系学生会副主席。在这些组织中我学到了很多为人处世的道理。

2012年，网络渗透到家家户户。还是大二学生的我利用所学的计算机网络技术专业知识，召集了几个志同道合的朋友，一起开办了随羿影像工作室。其实那时候并没有多少业务，我们想的就是凑在一起做件事，主要进行广告设计、摄影拍照，随后团队发展到15人。

大学期间从参与学生会组织到自己独立组织团队积累了管理经验，我瞄准互联网势头，不管前方的艰难险阻，决心在互联网这个广阔天地中冲锋到底。

2013年，公司最开始做的互联网业务是建设网站。那时候网络公司遍地都是，市场竞争很激烈，价格战的营销市场并不好做，利润也很低。

2014年，我的技术团队研发了智弘图书管理系统，为各大学校、集团公司的图书管理提供系统化操作软件。智弘图书管理系统减少了人力成本，提高了工作效率，深受图书管理人员欢迎。该项技术申请了国家专利，智弘软件技术团队也成为子公司单独运行。同年，公司新增了无人机项目，为社会需求单位和个人提供航拍录像，拍摄费用低、效果逼真，深受欢迎。

2016年年初，公司更名为山东随羿视觉网络科技有限公司，积极响应国家号召，做"互联网＋"的执行者，将互联网与传统行业紧密结合，利用互联网的优势促进传统行业的发展；把互联网作为流量入口，增加传统行业的销量订单。同年年底,公司新增艺统江湖项目。不管是学艺术的高中生还是学艺术的大学生,都需要工具(学美术的需要颜料、画笔等,学书法的需要毛笔、宣纸等),选择艺术培训班都需要寻找,遇到问题都需要交流,艺术家的画作都需要买卖。根据市场需要,艺统江湖这个集艺术工具交易、艺术品交易、艺术培训机构展示、艺术文化交流于一身的平台应运而生,很快在全国艺术生中有着相当大的影响。

2017年下半年,"速读小王子"项目开始运营,这个项目包括一款能提高小学生快速阅读的App和教学课件,主要给培训机构教学使用。目前该项目独立注册为速读科技有限公司,公司自主运营独立核算。

互联网行业瞬息万变,不断有新技术出现。做互联网,就需要不断地学习,跟随互联网的大潮。人就像计算机,重点不是外观好不好看,而是它的硬件配置和操作系统。硬件就是人的身体,操作系统就是人的思想,思想是关键。我们正年轻,应该去创新,可以犯错误,但最关键的是敢于分析总结并改正。

2023年,山东随羿视觉网络科技有限公司有了更高的目标。我们这个行业,每天都有很多新兴的企业,也有很多同行倒下去,在这种情况下熬过去就是胜利。我们努力尝试不同的路线,年营业额达到800万元,吸纳了100名大学生实习或就业。我们可以不做第一,但要做标杆,成为整个行业的标杆,纵使前方艰难险阻,我依旧前行。

模块三
激发创新思维

》 行成于思

你是不是时常感到迷惘？觉得人生的路好像越走越窄，脑筋总是不如别人灵活，生活不如想象中的精彩……其实是你的思维决定了你的行为，行为决定了你的生活。活跃而创新的思维，不仅能为生活带来乐趣，还能带给自己更多的机会。

在我国上下五千年的历史长河中，因善于思维创新而解决问题并被大家口碑相传的故事比比皆是，如"围魏救赵""曹冲称象""司马光砸缸""草船借箭""空城计"等。我们常常赞叹故事中主角的聪明、机智，也经常思考他们是怎么想出这些方法的。答案就是：思维的创新。创新的关键是思维的创新，在残酷的竞争面前，创新思维会带来更多的生机和活力。可能有人会说，创新思维离我们遥不可及，那只是属于少数人的领地和梦想，作为普通人，是不可能拥有灵机一动、计上心来的智慧的。其实不然，创新思维不但是有规律的，而且是可以训练出来的。

通过本模块的学习，你将能够：了解求异思维、想象思维、收敛思维、变通思维的含义及类型；理解打破思维定式的重要性和盲目从众的弊端；掌握激发求异思维、训练想象思维、挑战收敛思维、运用变通思维的方式方法。

第一讲　创新需要断舍离——打破思维定式

　　我们常常会因过去的经验而形成固定的想法,并运用到以后的生活和工作中,久而久之就形成了思维定式。思维定式固然为我们节省了时间,"见月晕而知风,见础润而知雨"就是例证,但是客观事物千差万别,如果总是"老眼光看人",凭"想当然"办事,那么不仅容易使人在认识上出现偏差,还会禁锢我们的创造性。

　　你认为该如何驾驭思维定式这柄"双刃剑"呢?

【他山之石】

　　公元1066年,我国宋朝英宗年间,黄河发洪水,冲垮了河中府(今山西省永济市)城外的一座浮桥,将两岸岸边用来拴住铁桥的每个1万斤重的8个铁牛冲到了河里。

　　洪水退去以后,为了重建浮桥,须将这8个铁牛打捞上来。这在当时是一件极为困难的事,府衙贴了招贤榜。后来,一个叫怀炳的和尚揭了招贤榜。怀炳经过一番调查摸底和反复思考,指挥一帮船工将8个铁牛全都捞上了岸。

　　怀炳提出的方法是:在打捞的那一天,他指挥一帮船工,将两条大船装满泥沙,并排靠在一起,同时在两条船之间搭了一个连接架;将船划到铁牛漂浮的地方后,他叫人潜入水下,把拴在木架上的绳子的另一端牢牢地绑在铁牛上;然后船上的船工一面在木架上收紧绳子,一面将船里的泥沙一铲一铲地抛入河中;随着船里泥沙的不断减少,船身一点一点地向上浮起。当船的浮力超过船身和铁牛的重量时,陷在泥沙中的铁牛便逐渐浮了起来;这时,通过船的划动,很容易就能把铁牛拉到江边并拉上岸。

　　如此反复进行了8次,终于将8个铁牛全都打捞到了岸上。

【学无止境】

1. 思维定式的定义

　　思维定式也称惯性思维,是由先前的活动造成的一种对活动的特殊的心理准备状态,或活动的倾向性。

　　在环境不变的条件下,思维定式使人能够应用已掌握的方法迅速解决问题。

当情境发生变化时,则会妨碍人采用新的方法。消极的思维定式是束缚创造性思维的枷锁。

也可以说思维定式是思维的惯性,或思维的惰性。它在人的思维能力上是一种重要的表现,是人通过不断的学习和实践累积下来的经验,以及形成的自己独有的对世界的认识、认知的规律与途径。因此思维定式具有明显的个体性。

2. 思维定式的作用

思维定式有积极和消极两种作用。

(1)积极作用。面对新问题,抓住新旧问题的共同特征,将已有的知识和经验与当前问题情境建立联系,利用处理过类似的旧问题的知识和经验处理新问题,这是思维定式的积极作用。

(2)消极作用。当问题所处的条件发生质的变化时,思维定式会使解题者墨守成规,造成知识和经验的负迁移,这是思维定式的消极作用。

让我们根据一段视频的要求,独立完成相应的工作。

思维定式的陷阱

点拨:视频中前三个象限由浅及深的思考过程会让你陷入一个固定的思维模式中。当思考简单问题时,我们就会因自身已经形成的思维定式而将问题复杂化。因此,我们在学习知识和技能时,不能只是生硬地记忆一些规则、原理,要敢于突破思维定式,只有这样才能做到触类旁通、举一反三。

【好学深思】

打破思维定式有哪些方法?

思维定式是指在重复性的活动中人们形成的凭过去的经验和观点处理问题的惯性思维,具有顽固的局限性,以至形成思维障碍,久之难以打破。思维定式在无形中影响了很多人的生活,我们该如何打破思维定式?

拓展思维想象空间,接受多样性并大胆提出设想

人的大脑中每天都有数万条想法形成,敏锐的脑神经元无形中将我们的大脑形成了思维网络。通过信息收集可以拓展我们的思维想象空间,形成多样化的观点,在这基础上不妨大胆提出设想,日积月累可以打破我们固有的逻辑性思维,进一步打破思维定式。

换位思考，多尝试不同的思考方式并深入追逐思索

换位思考的好处在于可以使我们思维不再局限于单方面思考。在换位思考时尝试联想、反思、类比、对比等思考方式，深入追逐思索有助于我们总结规律，打破思维定式。

跳出舒适区，不断学习和提升认知

舒适区限制了我们的思维，形成一种不愿接触新事物的习惯性思维模式。只有不怕困难和挑战，不断学习和提升认知，才能打破我们的固化思维，形成成长性思维，让成长性思维打破思维定式，重塑、激活我们的大脑。

激发创造性思维，培养勇于创新和敢于实践的能力

激发创造性思维有助于让创新创造的种子在世界上生根发芽，带动文明社会的进步。只有勇于创新、敢于实践的人，才能使自己的人生出现无限可能，努力培养自己勇于创新和敢于实践的能力，用自己的行动打破思维定式，创造美好未来。

想要获得更高的成就就得打破自己的思维定式，打破自己的思维定式就是打破自己的能力局限，山重水复疑无路，柳暗花明又一村。

【各抒己见】

下面看看小伙伴们是如何认识思维定式的。

● 学生小萌：我要养成良好的生活和学习习惯，以后只要按部就班，就能一劳永逸。

● 学生小艾：书本上的知识都是前人的经验总结，照着做一定没有错。

● 学生小昕：环境在不断地发生变化，面对问题我们需要打破思维定式，另辟蹊径。

● 学生小叶：经验固然重要，但思维无定势，用心去观察、体会和实践，就一定会有新的发现。

点评：

小萌和小艾用思维定式处理学习和生活中的问题，在一般情况下会得心应手，但在不断变化发展的情境中，会面临困境和迷茫，也会失去很多发展的机会。

小昕和小叶认识到思维定式的消极作用，借鉴经验的同时要尝试新事物、运用新方法，这样成功的机会会更多，未来的道路会更广，走得也会更远！

第二讲　关键时刻要理智——告别盲目从众

在生活中我们经常会发现这样的现象:有些同学总会穿同样款式的衣服,用同一品牌和型号的手机;老师上课点名,缺勤的大部分同学往往是同一个宿舍的;新开了一家饭店,只是听说好吃,很多人就会顶着严寒酷暑排队……我们把这种与群体中大多数人的行为保持一致的现象称为"从众"。

"物竞天择,适者生存",这是大自然的规律,但是大多数人选择的道路是否就是最适合自己的呢? 为什么要学会勇敢地向"盲目从众"说"不"?

【他山之石】

科学家将 5 只猴子放在一个笼子中,并在笼子的中间吊上一串香蕉,只要有猴子伸手去拿香蕉就用高压水枪冲散所有的猴子,直到没有一只猴子敢再动手。

试验的下一步是用一只新猴子换出笼子的一只猴子,新来的猴子不知这里的"规矩",就伸手去拿香蕉,结果竟触怒了原来笼子中的 4 只猴子。于是 4 只猴子代替人执行惩罚的任务,把新来的猴子暴打一顿,直到它服从这里的规矩为止。

试验人员如此不断地将最初经历过高压水枪惩戒的猴子换出来,最后笼子中的猴子全是新猴子了,但再也没有一只猴子敢去碰香蕉了。

猴子天生爱吃香蕉,可是偶然出现"不许拿香蕉"的制度后,这一违背猴子天性的制度居然自我强化成为它们的第二天性。最初,猴子们不让群体中的任何一个去拿香蕉是合理的,为的是免受"连坐"之苦,但后来条件改变了,人和高压水枪都不再介入,新猴子在未知原因与背景的情况下,却也遵守着"不许拿香蕉"的规矩,这说明了从众思维的可怕与不合理。

【学无止境】

1. 从众的定义

从众是指个人受到外界人群语言和行为的影响,怀疑并改变自己的观点,在自己的知觉、判断、认识和行为上表现出的符合公众舆论或多数人的行为方式。

也就是说,大家怎么认为,自己就怎么认为;大家怎么做,自己就跟着怎么做。通俗地解释,就是"人云亦云""随大流"。

2. 从众的原因

人之所以会选择从众,主要有以下几个原因。

(1)相信他人。从某种程度上说,一个人所掌握的知识信息和实践经验都是有限的,因而他人的行为往往会成为我们获取信息的一个重要来源。例如,我们到一个陌生的地方,更愿意选择到人多的餐厅去吃饭,更愿意到人多的商店去购物。

(2)寻求安全心理。每个人在群体中都不希望被视为异类。因为如果自己标新立异、与众不同,就可能会有被孤立的危险,而当自己的行为、态度、意见同众人一致时,就会有一种莫名的"安全感",即便错了,也是大家一起受罚。

3. 从众心理的作用

从众心理在生活中并不少见,会对我们的生活产生不小的影响。

(1)积极作用。从众心理可以降低选择的成本,缓解犯错的压力。一般来说,多数人的选择就是正确的选择,没有时间思考,不如跟上大队伍。即便大众的选择是错误的,但有错大家犯,谁也不会看谁的笑话,不会有压力。

(2)消极作用。从众心理会使个人获得匿名感,因此个人做事会无所顾忌。这种情况通常会在做一些违背原则的事情时出现。此外,从众心理还会给个人行为带来淹没感,扼杀创新的勇气和锐气。

让我们通过一段视频,了解液体究竟有没有味道。

真相大揭秘

点拨:消极的从众效应会弱化自我意识,阻碍独立性的培养,束缚思维,扼杀创造力,使人变得没有主见,以致失去责任感。因此有时候"大家好也未必真的都好",因为主流不一定都是正确、合理、最优的。

【好学深思】

从众受哪些因素影响?

大多数人存在从众心理,如网络从众、生活习惯从众、职场行为从众。从众是个人的行为与观念因受到群体的引导和压力而趋向于同多数人一致的方向变化的现象。从众是一种普遍现象，受多个因素的影响，具体内容如下。

对自由的向往

网络从众指因内心空虚而通过没有内涵和意义的表达来实现自我。虚拟的网络让人的话语权有了极大的开放空间。网民从"小声讨论"的看客转变为"大声呐喊"的参与者，他们会在极短的时间内成为跟随大众互动的一往无前的无畏者，个人的喜怒哀乐也从中得到释放和满足。

信息的错综复杂

当个人面对诸多模糊不清的情况时，没有可靠的消息，没有准确的说法，尤其没有权威部门的指示，在观望中担心吃亏，只好观察、参考、跟随了大多数人的行为。

群体的压力

群体的压力源于他人，也源于自己，指身处群体而不得不改变自己。特别是进入一个新团体时，个人希望尽快被他人喜欢和接纳，担心他人的排斥和忽视，只好产生了顺从行为，通过改变自己的观察、判断和行为，让自己逐渐符合群体的习惯，并与他们保持高度一致，期望尽快融入其中。

对权威的崇拜

崇拜权威指遵从比自己地位高的人，追随成功的典范，这在某些时候是一种正向引导，但是这种引导存在一定的框架禁锢，甚至有一定的风险。

【各抒己见】

下面看看小伙伴们是如何认识从众的。

● 学生小萌：我觉得多数人的选择就是正确的选择，跟上大队伍应该就没有错。

● 学生小艾：即便错了，和大家一起错，我的心理压力会小很多。

● 学生小昕：孙子曰，"故智者之虑，必杂于利害"。要做一个心智自由的人，就得冒着违反众意的风险。

● 学生小叶：从智，而不从众，能帮你打开另一扇窗，看到不同的风景，充实自己的人生。

点评：

  小萌和小艾因怕犯错而选择了盲目从众，表面上看来比较稳妥，但是会失去很多机会。

  小昕和小叶勇于和"盲目从众"说"不"，有自己的思考和判断，这一点非常可贵。在生活中，我们要避免走极端，凡事要么从众、要么反从众都是不可取的。我们要扬从众的积极面，避从众的消极面，努力培养和提高自己独立思考及明辨是非的能力。

第三讲　差异之中找机会——激发求异思维

"司马光砸缸"的故事实质上是一个典型的运用求异思维的例子。有人落水，常规的思维模式是"救人离水"，而司马光果断地用石头把缸砸破，"让水离人"，救了小伙伴的性命。古人能用求异思维思考问题、解决问题。在创新驱动发展的时代背景下，我们更需要求异思维。

你认为该如何激发我们的求异思维呢？

【他山之石】

青年创业者吕良在创办茶颜悦色的过程中，充分展现了其独特的求异思维。

在创业初期经历多次失败后，吕良没有随波逐流，而是敏锐地察觉到行业中存在的差异化空间。当其他饮品店都走可爱、卡通的风格时，他果断选择了与众不同的"中国风"路线。这种求异选择源自他对自身实力的清晰认知，他深知与强者正面竞争必然失败，唯有另辟蹊径才有机会突围。

吕良没有被当时的流行趋势所左右，不盲目跟风追求主流风格，而是坚信"中国风"的独特魅力能够吸引消费者。他明白，只有与众不同才能在激烈的市场竞争中脱颖而出，这种敢于背离主流的勇气正是其求异思维的体现。

在确定走"中国风"路线后，吕良并非盲目行事。他深入挖掘中国传统文化与茶饮的结合点，将文化元素巧妙融入品牌的方方面面，从店面装修到产品名称，从包装设计到营销活动，都充满了浓郁的"中国风"。这种对传统文化的创新运用与市场上常见的现代时尚风格形成鲜明对比。

此外，吕良在经营策略上也展现了求异思维。当其他品牌注重快速扩张和提高市场占有率时，他更注重产品品质和消费者体验，通过不断优化产品口感和服务质量，逐步积累口碑和忠实客户群。

正是吕良这种敢于突破常规、另辟蹊径的求异思维，使得茶颜悦色在众多茶饮品牌中独树一帜，最终成功抓住了市场机遇，成为备受消费者喜爱的品牌。

【学无止境】

1. 求异思维的定义

所谓求异思维,就是对司空见惯的、似乎已成定论的事物或观点反过来思考的一种思维方式。简单地说,就是从相反的方向思考问题。

2. 求异思维的三种类型

一般来说,求异思维有以下三种类型。

(1)反转型求异思维。反转型求异思维是指从已知事物的相反方向进行思考,产生发明构思的思维方法。例如,市场上出售的电烤鱼箱,就是将传统电烤箱的结构反转,把电阻丝放在上面,这样烤鱼时析出的油就不会落在电阻丝上,油烟的困扰也就不复存在了。

(2)转换型求异思维。转换型求异思维是指在研究问题时,解决该问题的手段受阻,转换思考的角度,从而使问题顺利解决的思维方法。例如,有一道趣味题是这样的:有四个相同的瓶子,怎样摆放能使其中任意两个瓶口的距离都相等? 答案是把三个瓶子放在正三角形的顶点,将第四个瓶子倒过来放在三角形的中心位置。这就是典型的转换型求异思维。

(3)缺点型求异思维。缺点型求异思维是指利用事物的缺点,将缺点变为可利用的东西,化被动为主动,化不利为有利的思维方法。例如,某时装店经理不小心将一条高档裙子烧了一个无法弥补的洞,经理运用求异思维突发奇想,干脆在洞的周围又挖了许多小洞,精心修饰成"洞洞裙",一下子,销路顿开,创造了新的商机。

让我们通过一段视频,感受一下不一样的自拍杆。

创意自拍杆

点拨:生活中处处潜藏着看似不可能的机会,关键是要有一种求异的思维方式。勇敢地和常规说"不",坚持你的与众不同,或许生活会为你打开另一扇窗。

【好学深思】

如何提高求异思维的敏感性?

给自己安排一个思考的对立面角色
给自己安排一个思考的对立面角色可以防止自己看问题局限在一个平面上。

尝试针对身边的事情做一些逆向思考，如共享单车真的是一个好的事情吗？做自己感兴趣的事情真的可以更好地发展自己吗？经常从网上接收资讯对我们的生活真的有帮助吗？等等。现在资讯的传播如此方便快捷，每个人每天都会获取大量的信息，只要我们敢于打破固有的思维模式，做一些"抬杠"的思考，我们就能够锻炼自己的大脑，提升思考能力。

有意识地寻找逻辑支撑点和相关例证

有了逆向思考能力之后，我们需要寻找支撑思考出来的观点的证据。例如，针对经常从网上接收资讯对我们的生活是否真的有帮助这一问题，可以从网上的资讯并不一定全都是正确的、存在未经核实就发布出来的信息、也存在故意为之的谣言等方面寻找例证，从而得出盲目接收信息会产生不好的影响的结论。

根据逆向思考的结果寻找解决的办法

有了观点和例证后，要寻找解决的办法。在我们的生活、学习和工作中，想要从根本上解决问题，我们就需要学会追问。因为有很多信息未经核实就被发布出来，可能是为了吸取眼球、增加流量、引起别人注意等，这些不严谨的信息很容易导致不良后果。我们需要学会识别这些信息，并进行判断性的思考。通过追问，你可以根据问题，有意识地学习相关知识，或者找到相关问题的解决办法。这也是求异思维的运用形式。

懂得如何运用正确的逻辑思维

想提高求异思维的能力，就必须掌握和正确运用逻辑思维的方式。如果我们的逻辑思维都不够流畅，那么很难进行逆向的逻辑思考。毕竟若能够运用正向思维思考问题，自然就能够运用求异思维进行思考。在日常生活中，只要我们积极主动地运用求异思维，就能够起到拓宽思路的作用，从而提升我们的思考能力。

【各抒己见】

下面看看小伙伴们是如何认识求异思维的。

● 学生小萌：我进行正向思维都成问题，还是先别激发求异思维了，求异思维不适合我。

● 学生小艾：求异思维就是和别人反着做，别人说"一"我偏说"二"。

● 学生小昕：善于"标新立异"是发明家的共同特征，以后在生活中我要多试试！

● 学生小叶：日常所说的"出奇制胜"就是求异思维。

点评：

小萌和小艾对求异思维的认识还不到位，求异思维和正向思维互为因果关系，求异思维绝对不是和常理相对的逆反心理。

小昕和小叶对求异思维的总结和认识很到位。只要做生活中的有心人，就有可能"出奇制胜"。

第四讲　创造力量的源泉——训练想象思维

有人做过这样一个测试：用粉笔在黑板上画一个圆圈，请被测试者回答这是什么。当问到大学中文系学生时，他们哄堂大笑，拒绝回答这个低级问题。当问到初中生时，有人回答"零"，有人回答英文字母"O"。最后，当问到小学一年级的学生时，他们异常活跃，答案也很丰富："句号""月亮""烧饼""乒乓球""老师生气时的眼睛""我家门上的'猫眼'"……事后，有人给这个测试起了个题目——人的想象力是怎样丧失的？

试想，如果当时的被测试者是你，你会怎样回答呢？你的想象力是什么水平？你会想象、善想象、敢想象吗？

【他山之石】

韩信是我国历史上著名的军事将领。有一天，刘邦想试一试韩信的智谋。他拿出一块五寸见方的布帛，对韩信说："给你一天的时间，你在这上面画上士兵。你能画多少，我就给你带多少兵。"站在一旁的萧何想："这一小块布帛，能画几个兵？"他急得暗暗叫苦。不想韩信毫不迟疑地接过布帛就走。第二天，韩信按时交上布帛，上面虽然画了些东西，但一个士兵也没有。刘邦看了却大吃一惊，心想韩信的确是一个胸有兵马千万的人才，于是把兵权交给了他。原来，韩信在布帛上画了一座城楼，城门口战马露出头来，一面"帅"字旗斜出。虽没见一兵一卒，却可想象到千军万马。

不需要千言万语，"帅"字旗一出，就可以在头脑中塑造出声势浩大的军队。这就是想象力的魅力。

【学无止境】

1. 想象思维的定义

想象思维是人脑在过去感知的基础上，对所感知的形象进行加工、排列、组合、改造并创建出新形象的心理过程。

2. 想象的特征

有了想象,人们看小说时,就能够"看到"书中人物的音容笑貌;看图纸时,就能够"看到"立体的物体;看设备说明时,就能够"看到"设备的外形和结构。这是想象的形象性特征。

有了想象,科学家在进行实验之前,实验的方法、进程和预期的结果以观念的形式在头脑中呈现;画家在绘画之前,已在头脑中想象出新作品的形象。这是想象的超越性特征。

3. 想象思维的类型

想象思维有很多种类型,按照有无预定目的可分为有意想象和无意想象两大类。

(1)有意想象。有意想象有明确的目的、任务。按照想象的创造性程度不同,可以把有意想象分为再造想象、创造想象和幻想。

①再造想象。再造想象是根据他人对某一事物的描述,在头脑中形成相应新形象的心理过程。例如,当读到"天苍苍,野茫茫,风吹草低见牛羊"的词句时,就会在头脑中形成一幅草原情景的图画。

②创造想象。创造想象是根据一定目标和任务在头脑中创造出新形象的心理过程。例如,法拉第所提出的力场中的力线、磁场中的磁力线,作为"线"并不存在,但作为"力"在现实中是有某种东西与它对应的。正是具有这种创造想象的物理学家创立了电磁学的概念体系。

③幻想。幻想是有意想象的特殊形式,它是由个人愿望或社会需要所引起的指向未来的思维过程。幻想可以在人脑中纵横驰骋,在没有现实干扰的理想状态下向任意方向发展。

(2)无意想象。事先没有明确目的,不由自主地想起某事物形象的心理过程叫无意想象。它常发生于注意力不集中或半睡眠状态。例如,看天上的云和远处的山,想象它们像某种事物或动植物,这就是无意想象。最典型的无意想象就是晚上做的梦。

让我们通过一段视频,感受一下未来互联网会是什么样子。

未来互联网

点拨:每个人都拥有无限的想象力。想象能够使人们超越已有的知识经验,使思维插上翅膀;超越逻辑的束缚,使思维达到新的境界。因此,我们要敢想象、能想象、会想象。

【好学深思】

有哪些提升想象力的方法?

想象力是人类的一种重要能力,它可以帮助我们形成新的想法、解决问题、创造艺术作品等。然而,有些人天生具有较强的想象力,而有些人则需要通过培养和锻炼来提升自己的想象力。下面将介绍四种提升想象力的方法。

阅读

阅读是提升想象力的最佳途径之一。通过阅读各种各样的书籍,我们可以接触不同的思想和观点,了解不同的世界和文化。阅读可以激发我们的想象力,让我们能够在脑海中构建各种各样的场景和情节。例如,小说常常具有生动的人物形象和精彩的故事情节,可以让我们的想象力得到充分发挥。因此,我们应该养成阅读的习惯,多读一些有趣的书籍,以提升自己的想象力。

观察

观察是提升想象力的重要途径之一。通过观察周围的事物和现象,我们可以发现其中的细节和规律,从而提升我们的想象力。例如,我们可以观察大自然中的风景和动物,观察城市中的建筑和人群,观察艺术作品中的细节和色彩,等等。观察可以帮助我们发现事物的不同方面和可能性。因此,我们应该养成观察的习惯,多观察周围的事物和现象,以提升自己的想象力。

思考

思考是提升想象力的重要手段之一。通过思考问题和现象,我们可以发现其中的逻辑和关联,从而提升我们的想象力。例如,我们可以思考一个问题的不同解决方法,思考一个现象的不同原因,思考一个观点的不同论证,等等。思考可以帮助我们发现问题的不同方面和可能性。因此,我们应该养成思考的习惯,多思考问题和现象,以提升自己的想象力。

创造

创造是提升想象力的最终目标之一。通过创造,我们可以锻炼和提升自己的想象力。创造需要我们勇于尝试和冒险,需要我们敢于提出新的观点和做出新的尝试。通过创造,我们可以不断挑战自己,拓宽自己的思维和视野。因此,我们应该积极参与各种创造活动,如写作、绘画、设计等,以提升自己的想象力。

【各抒己见】

下面看看小伙伴们是如何认识想象思维的。

- 学生小萌:想象思维不切实际,我还是做真刀真枪的实干家比较好。
- 学生小艾:想出来的东西是看不见、摸不着的,都是浮云。
- 学生小昕:想象是技术发明和创造的重要推动力量。
- 学生小叶:探索新知识的过程中,想象力是灵感的源泉。

点评:

　　小萌和小艾的实干家精神值得肯定,但是在认识世界、利用世界和创造世界的活动中,想象思维也是必不可少的。

　　小昕和小叶充分认识到想象思维能使人产生创造的欲望,激发人们的创造心理。

第五讲 抽丝剥茧找本质——挑战收敛思维

俗话说："内行看门道,外行看热闹。"许多时候,人们在信息量的占有上并无多大差别,但有些人能从中看出问题,抓住机会;有些人却茫然无知,视若无睹。为什么会有这种差异呢? 从思维的角度来分析,这是由收敛思维能力的不同造成的。收敛思维能力较强的人,其思维观察结构严谨细密,在占有相同的信息量的情况下,对信息的提取率比较高。

你挑战过你的收敛思维吗? 你的收敛思维能达到怎样的程度?

【他山之石】

你的面前摆着四种物品:一本平装书、一瓶可乐、一根纯金项链、一台彩色电视机。请先从这四种物品中找出一种"与众不同"的物品,再找出两两物品之间的相同之处。

解答:平装书是唯一用纸做成的、供人阅读的物品;可乐是唯一由液体构成的、供人饮用的物品;项链是唯一用纯金制作的、戴在身上的装饰品;电视是唯一能把无线电波转换成声音和图像的物品。平装书与可乐属于"价格低廉品";平装书与电视属于"信息用品";可乐与电视属于"诞生于现代的物品";项链与电视属于"贵重物品"。

【学无止境】

1. 收敛思维的定义

收敛思维指以某个思考对象为中心,尽可能运用已有的经验和知识将各种信息重新进行组织,从不同的方面和角度,将思维集中指向这个中心点,从而达到解决问题的目的。

2. 收敛思维的两种锻炼方法

一般来说,锻炼收敛思维有辏合显同法和聚焦法两种方法。

（1）辏合显同法。辏合显同法即把所有感知到的对象依据一定的标准"聚合"起来，显示它们的共性和本质。例如，明朝时，苏北地区出现了可怕的蝗虫，蝗虫一到，庄稼颗粒无收。文渊大学士徐光启看到人民的疾苦，毅然决定研究治蝗之策。他搜集了自战国以来2 000多年的有关蝗灾情况的资料。经过统计，他注意到在151次蝗灾中，大多数发生在六月和七月，即在夏季炎热时期。另外他发现，蝗灾大多发生在"幽涿以南、长淮以北、青兖以西、梁宋以东诸郡"之地。经过研究发现，原因是这些地区湖沼分布较多。他把自己的研究成果向百姓宣传，并且向皇帝呈递了《除蝗疏》。徐光启在写《除蝗疏》的过程中，运用的就是辏合显同法。

（2）聚焦法。聚焦法就是人们常说的沉思、再思、三思，指在思考问题时，有意识、有目的地将思维过程停顿下来，并将前后思维领域浓缩和聚拢起来，以便帮助我们更有效地审视和判断某一事件、某一问题、某一片段信息。

聚焦法带有强制性指令色彩，具有以下两大优点：其一，可通过反复训练，培养我们定向、定点思维的习惯，形成思维的纵向深度和强大穿透力，犹如用放大镜把太阳光持续地聚焦在某一点上，就可以形成高热；其二，由于经常对某一事件、某一问题、片段信息进行有意识的聚焦思维，自然会积淀起对这些事件、问题、信息的强大透视力、溶解力，以便最后顺利解决问题。

让我们通过一段视频，看看如何运用收敛思维快速解决问题。

发挥"凸透镜"的聚焦作用

点拨：曹冲没有被大象庞大的身躯和复杂的称重难题所迷惑，而是将问题收敛为：如何通过可操作的方式得到与大象等重的物体并称重。他巧妙地利用船的浮力原理，把大象的重量转换为石头的重量，这种聚焦核心、化繁为简的思维方式，正是收敛思维的典型体现。

【好学深思】

如何强化收敛思维？

首先，学会运用"去粗取精、去伪存真、由此及彼、由表及里"的抽象与概括。毛泽东的这十六个字，说明了科学的抽象与概括的一般步骤。我们在思考问题时，最初认识的仅仅是问题的表层（表面），是很肤浅的东西。这就需要我们像剥笋那样，

81

层层分析，一步一步地接近问题的核心，抛弃那些非本质的、繁杂的特征，以便揭示出隐蔽在事物表面现象内的深层本质。

其次，学会运用从特殊到一般的归纳推理和从一般到特殊的演绎推理方法。归纳是将具体而繁复的问题进行分类、整合和提炼加工，并从中寻找出规律；演绎则是将已掌握的规律加以灵活自如地应用。在认识过程中，归纳和演绎是相互联系、相互补充的。从特殊到一般的归纳推理方法，非常有助于收敛思维的培养。

最后，学会运用比较与类比、分析与综合的方法。没有比较就没有鉴别，比较的过程就是分析、发现特征的过程，分类是为了寻找事物的共性，比较是让事物的差异性更为明确和清晰。分析是认识形态的构成要素，通过不同的角度来观察和解析；综合则是在分析各个构成要素的基础之上加以整合而形成新的成果，在个体的个性和物体的共性中不断寻找契机与创新点。

【各抒己见】

下面看看小伙伴们是如何认识收敛思维的。

● 学生小萌：收敛思维有点难，我还是训练其他思维吧！

● 学生小艾：收敛思维和发散思维是对立的，学好一个就可以。

● 学生小昕：收敛思维训练能够使人具有较强的洞察力，以及严谨周密的思维分析能力。

● 学生小叶：如果说发散思维是由"一到多"的话，那么收敛思维是由"多到一"。

点评：

小萌和小艾因畏难情绪而选择放弃训练收敛思维，当遇到问题时会碰到更多的困难。

小昕和小叶充分认识到收敛思维的实质及意义，这对今后的学习和处事都会有很大的帮助。

在生活中既要使用发散思维，也不可或缺收敛思维。收敛思维与凸透镜的聚焦作用类似，凸透镜可以使不同方向的光线集中到一点，从而引起燃烧，收敛思维则可以综合信息，最终解决问题。

第六讲　换个角度看问题——运用变通思维

生物学家威克曾经做过一个有趣的实验:把一些蜜蜂和苍蝇同时放进一只平放的玻璃瓶里,使瓶底对着光亮处,瓶口对着暗处。结果,那些蜜蜂拼命地朝着光亮处挣扎,最终因气力衰竭而死,而乱窜的苍蝇竟都顺着细口瓶颈顺利逃生。

在漫长的人生经历中,每个人都会面对变化、选择变化,最终正确地处理变化。掌握变通,是做人做事之诀窍。

你认为该如何获得并不断提升自己的变通思维能力呢?

【他山之石】

哲学家罗素讲过一个故事:在一个饲养场,一只火鸡发现,无论晴天还是雨天,饲养员总会在上午九时投喂食物。它观察了整整十个月,没有一次差错。于是,这只火鸡骄傲地宣称它发现了真理:食物会在上午九时准时降临。很长一段时间,这只火鸡受到其他火鸡的热烈追捧。但在西方传统节日的前一天,火鸡们不仅没有得到食物,还被捉去杀了。

这个故事告诉我们:大脑会对经验产生依赖,最终让你在真正危险来临之时变得麻木迟钝。很认同一句话:"习惯于走老路的人,永远看不到新的风景。"一个人太依赖以往的路径,往往会束缚自己。

只有挣脱经验的牢笼,懂得变通,才能在困境中找到新的出路。

【学无止境】

1. 变通思维的定义

交通思维,即在面对问题时能够灵活变通、寻找新的解决方案的思维模式。人们常以"穷则变,变则通""随机应变""举一反三"等来形容一个人思维的变通性。

2. 变通思维的类型

一般来说,变通思维有顺势变通、逆势变通、迂回变通、借势变通四种类型。

(1)顺势变通。在解决问题的过程中,充分利用已有的信息和条件,沿着事物发展的方向进行发散,寻求问题解决的办法,这就是顺势变通。

(2)逆势变通。一位心理学家说过:"只会使用锤子的人,总是把一切问题看作钉子。"由此可见,总是用一种固定的思维模式思考问题,后果可想而知。在解决问题的过程中,充分利用自己已有的全部信息和条件,使思维朝相反的方向发散,寻求问题解决的办法,叫作逆势变通,如大家非常熟悉的"破釜沉舟""孤注一掷"等。

(3)迂回变通。在知己知彼的基础上,明确主客观条件,如果不宜单纯采取正面或逆反的策略,则采取迂回曲折的方法,利用、改变或者创造外部条件,这就是迂回变通,如"田忌赛马""四渡赤水"等。

(4)借势变通。思维变通要依据一定的条件,当现有的条件满足不了变通需要时,人们往往采取"借"或"造"的方法,即借势变通。例如,小米在智能手机市场上的成功,很大程度上得益于其借势变通的策略,即最开始时,小米借助互联网营销,通过线上销售和饥饿营销等手段,迅速在市场上占有一席之地。

让我们通过一段视频,看看主人公是如何运用变通思维而创业成功的。

变通通向成功路

点拨:主人公没有用固定的思维去经营自己的茶水铺子,而是借势变通,充分利用其他客人带来的资讯,最终实现了自己的创业梦想。

【好学深思】

如何提升变通思维能力?

变通之法,既是做人的诀窍,也是做事的诀窍。风风雨雨才是精彩,无风无雨不是人生。在风雨兼程中,只有适时地变换方圆,才能通往金色的殿堂之巅,那么,我们该如何提升自己的变通思维能力?

审时度势,打破常规

此一时彼一时,说的是这一刻的情况已经发生了变化,与之前的情况完全不同了。正因为情况发生了变化,所以我们要冷静地审时度势,分析所面对的情形,调整自己的步伐。既然墨守不得法,那么不妨多尝试新方法,敢于打破常规,这是万事皆成的前提。

善于借用外力

一个好汉三个帮,一个篱笆三个桩。个人的能力不管有多大,终归是有限的,但只要善于借用外力,就可以让自己更加强大。善借外力,使的是巧劲,也是变通的能力之一。

敢于应对变化

胆小的人害怕变化,也害怕改变自己。勇敢是一种非凡的力量,如果没有这种勇气,那么人是不会选择面对困难和挫折的。鲁迅说过:"真的猛士,敢于直面惨淡的人生,敢于正视淋漓的鲜血。"我们只有在走向辉煌的路上披荆斩棘,勇敢地闯过去,走到高山的另一边,才能领略到别样的风景。

充满信心

一个人的信心是很重要的。缺乏信心的人,总以为自己没有能力做成一件事,一直蜷缩在自己的角落里,不敢迈出第一步,久而久之,原本具备的能力也会消失。只有充满信心,才能有克服困难、处理问题的信念和干劲。

学会思维转变

有的人惧怕改变,有的人向往改变;有的人喜欢面对一成不变的生活,有的人则无法忍受重复的生活。变化的美妙就在于它能给我们带来别样的愉悦和感受。"成也思维,败也思维!"思维之于人做事,是最根本的东西。只要我们敢于接受变化,不断改变自己的思维习惯,就能从根本上改变自己的观念,从而尝试摆脱困境。

变通集创新与继承于一身。变通可以使人抓住机遇、充满生机与活力,甚至能够破解难题。时代需要变通,发展需要变通,一切都需要变通。

【各抒己见】

下面看看小伙伴们是如何认识变通思维的。

● 学生小萌:变通就是"墙头草、两边倒"。

● 学生小艾:面对问题就是要变通,不需要执着。

● 学生小昕:时代需要变通,发展需要变通,一切都需要变通。

● 学生小叶:单纯的执着与单纯的变通都是不完美的。要学会执着与变通二者兼顾。

点评:

小萌和小艾对变通思维的认识有所偏颇,在实际运用的过程中就不能感受到变通带来的意义。

小昕和小叶不但认识到变通思维的重要性,而且正确认识执着和变通两者之间的关系。

>> 百炼成钢

实训1:置换可乐

- 实训场地:室内,两张六角桌。
- 游戏人数:1名教师,6名学生,分成两组。
- 游戏准备:空可乐罐2个。
- 游戏规则:假设可乐的价格是每罐2元,同时2个空罐可以换1罐可乐。每个小组都有初始资金6元。请大家开动大脑,想办法喝到更多的可乐。
- 游戏小结:在生活中,我们常常会根据已有的经验来对未来进行预期和预测,甚至是做出行动。这样的行动结果并不总是符合我们当初的预期,因此,我们常常会发出"如果当初……就好了"的感叹。这时候就需要我们运用变通思维。

在创业路上时刻记着自己的"空可乐罐"和自己的"6元",不断地积累并发现时刻变化的商机,你就可以获得意想不到的效益!

实训2:传递彩色纸团

- 实训场地:室内空地。
- 游戏人数:1名教师,6名学生。
- 游戏准备:2～3个纸团。
- 游戏规则:传递彩色纸团,要求彩色纸团从第一位同学手中传递到最后一位同学手中,每位同学的手都要接触彩色纸团。请大家不断尝试新的方法,将彩色纸团进行传递。看看最快几分钟能够传递完毕。
- 游戏小结:通过刚才的游戏我们可以看到,创新与创造并不神秘,关键是必须勇敢地打破思维定式,不盲目从众。创新无处不在,需要我们用心去发现;

思维灵活多变,需要我们用心去体验。做生活的有心人。用善于发现的眼睛与心态看待事物,那个敢创新、能创新、会创新的人就是你!

>> 见贤思齐

董传盟:重新打开一扇窗

大家好,我叫董传盟,2010 年毕业于东营职业学院,2011 年 7 月,工作一年的我正式离职创办了东营市东网互联信息科技有限公司,目前为利华益集团、金正集团、东营职业学院、东营泰岳星徽汽车有限公司、东营市教育局、东营市技师学院等 300 多家企事业单位提供信息化服务;为山东蓝海酒店集团、伟浩建设集团、东营市一家亲餐饮有限公司等 100 余家单位设计制作了办公自动化系统平台;同时和山东家庭教育委员会合作开发运营"互联网 + 亲子教育"平台,公司年营业额 500 余万元,吸纳就业 50 余人,其中吸纳东营职业学院毕业生 10 余人,被评为山东省大学生十大创业之星、东营区十大青春创业之星、东营 2012 创业创新年度新锐。这些荣誉的背后是我 10 多年来坚持不懈的努力。

2010 年 3 月,一个偶然的机会让还在校园憧憬未来的我得到了一家大型网络公司实习的机会。在这"试飞"的三个月里,我感受到了竞争的激烈及社会与学校的不同之处,也使我嗅到了创业气息。我清楚地意识到,想要做成一件事,必须俯下身子虚心学习,集所有"养分"于一身。2010 年 6 月,我拿到期盼了 3 年的毕业证,离开母校正式加入实习单位。在这一年多的时间里,我积极、勤奋,很快就成了公司的骨干。

正在我埋头苦干汲取"养分"的时候,公司却出现了严重危机,我和我的同事们不得不离开公司。我静下心来冷静分析,敏锐地察觉到,自己已经基本掌握这个行业各方面的专业知识和网络公司的运作模式,何不自己开创公司,同时为更多的人提供就业机会呢?

"天时、地利、人和"是创业的最佳利器,原单位经营困难后离开的老同事都愿意跟着我干,其中有不少已是在这个行业小有名气的设计师、美工、程序设计人员,也有工作多年的优秀营销人员。老师、家长和亲朋好友听到我的想法后,都给予大力支持和帮助,这些支持,也成为我在艰辛创业路上奋力拼搏的精神动力。

2011 年 6 月,在东营最热的天气里,我顶着骄阳,骑着自行车,奔走在东营的大街小巷。凑资金,找办公室,装修,买办公家具,注册公司,一个月的时间我瘦了近 20 斤。功夫不负有心人,2011 年 7 月 14 日,公司正式成立。然而更大的挑战也在等待着我。

由于公司成立不久,知名度低,我陷入了缺少客户的窘境。我就一家家跑企业,一家家做说服工作。有时,我们准备了厚厚的资料,有的客户随便翻了翻,便扔到了一边。这样的遭遇,我们经历了很多。遭拒绝多了,我们便试着采取迂回战术,开口不直接谈项目,改为向公司老总讨教,如大学生该如何创业、如何做人等话题,待对方聊得高兴了,再抛出合作的思路。最后,经过 6 次上门拜访后,一家地处广饶县大王镇从事钢棉生产的企业成了我的第一位客户。第一次业务的成功带给我们的回忆是永远难忘的,我们也被创业的激情激励着,虽然累但兴奋,牺牲了很多的休息时间,熬到半夜是很经常的事。

凭借着"先给客户做服务,客户满意了再寻求签合同"的做事理念,我和我的公司逐渐赢得了市场的认可,客户越来越多。一家做环保材料的公司通过我们制作的网站,经常接到省内外的订单,公司负责人非常高兴,他把自己的很多朋友都介绍给了我们公司。

我迈出了成功的第一步。但是我不骄不躁,本着务实的创业精神,坚持以技术为基础,以信誉为生命,以增值服务为特色,以客户满意度为工作的评判标准,在日趋激烈的市场竞争环境下,稳步前进,努力拓展自己的市场。

时至今日,我们公司根据市场需求正在拓展业务,准备在基础业务稳定的前提下向高端领域发展,满足东营企业和政府职能部门的技术需求。

模块四

把握创业机会

想创业,正当时,把握"先机"是关键。新时代是大有可为的时代,蕴藏着各种机遇。无论是实现高水平科技自立自强、发展数字经济,还是推进乡村振兴、推进以人为核心的新型城镇化,都在召唤更多创业者加入其中。在这一进程中,每个人都有机会通过创业奋斗来书写属于自己的精彩人生。

对于创业者来说,真正的创业过程开始于对创业机会的发现、把握和利用,识别创业机会是创业活动的根本驱动力。所谓创业的机缘巧合,主要还是因为创业者在平日的学习和生活中培养出来的两种能力,即发现市场环境变化的敏锐观察力和创新思维能力,从而形成一定的创业构想。然而,"创业有风险,下海需谨慎",在蕴藏着大量机会的创业海洋里也遍布陷阱。因此,"警钟长鸣,规避风险"应该成为初创者始终铭记的法则。

那么创业机会存在于何处?如何从繁多复杂的市场环境中找到富有潜在价值的创业机会?如何识别与规避创业风险?

通过本模块的学习,你将能够:了解创业机会的定义;理解创业机会的来源;掌握创业机会的识别与评估,以及创业风险的识别与规避。

第一讲　众里寻他千百度——创业机会认知

创业需要机会,一个新企业创立过程的核心就是创业机会,新企业的创立过程是由机会驱动的。在茫茫的市场经济大潮中,创业机会无时不有、无处不在,又时而呈现眼前、时而稍纵即逝,让人难以寻找,难以琢磨。

你认为怎样才能抓住这个爱藏猫猫的"小调皮"呢?

【他山之石】

"老干妈"的发明者陶华碧由于家里贫穷,从小到大没读过一天书。丈夫病逝后,留下了她和两个孩子相依为命。为了生存,陶华碧摆了个小食摊,专卖凉粉和冷面。当时,她特地制作了麻辣酱,作为专门拌凉粉的一种作料,生意十分兴隆。有一天,陶华碧因为身体不舒服没有去市场买辣椒,她想:"反正拌凉粉的作料有好几种,缺少麻辣酱也不会耽误生意。"谁知,许多顾客都抱怨面不好吃。她感到十分困惑:难道来我这里的顾客是喜欢吃我做的麻辣酱? 机敏的她一下就看准了麻辣酱的潜力。

经过几年的反复试制,她制作的麻辣酱风味更加独特,很多客人吃完凉粉后,还出钱买一点麻辣酱带回去,甚至有人专门来买她的麻辣酱。周边卖凉粉的餐馆和食摊,做作料的麻辣酱也都是从她那里买的。有人半开玩笑地说:"你干脆开一家麻辣酱工厂算了!"这话触动了陶华碧。1996 年,陶碧华办起了专门生产麻辣酱的食品加工厂,成就了今天赫赫有名的"老干妈"麻辣酱。

陶华碧,这个没有上过一天学的人,能够把一个民营公司做大做强,在众多的民营企业中脱颖而出,她对创业机会的认识和把握的能力令人叹为观止。

【学无止境】

1. 创业机会的定义

创业机会是指有吸引力的、较为持久的和适时的一种商务活动空间,并最终表现在能够为消费者或客户创造价值或增加价值的产品或服务。简单地说,创业机会就是创业者可以利用的商业与社会发展机会。创业机会不但需要创业者去发现,而且需要创业者的参与、改进和不断创造。

2. 创业机会的特征

(1)隐藏性。在我们的学习、工作、生活中处处是机会,能否抓住机会要看创业者是否具有"慧眼"。创业机会更是如此,它并不总是时时摆在每个创业者的面前,却总与人们的日常生活息息相关,创业者只有通过对社会的仔细观察、了解、调查和分析,才能发掘出真正的创业机会,并通过实践检验机会的可靠性。

(2)易逝性。所谓"机不可失,时不再来",就是对创业机会易逝性的最好诠释,机会往往存在于朝夕之间,稍纵即逝。在当前激烈的市场竞争中,创业机会对每个创业者来说都是公平的,谁先抓住创业机会,谁就能在激烈残酷的创业竞争中脱颖而出。

(3)偶然性。大多数的创业机会是偶然出现的。虽然它普遍存在于创业者的身边,但并不容易被捕捉到。若平时不注意知识、经验的总结和积淀,不注意对身边市场的调查和分析,那么即便好的创业机会出现在你的面前,你也会"视而不见"。

(4)时效性。不同社会时期产生的创业机会具有鲜明的时代特征,要想在这些机会所处的领域中选择最适合创业的机会,创业者需要深入理解当时社会的政治、经济制度。因此,不同时代、不同时期的不同制度为创业者的创业机会赋予了鲜明的时代色彩。

让我们通过一段视频,看看"80后"小伙是如何找到自己的创业机会的。

机会留给有准备的人

点拨:面对机会,不是所有人都能抓住的,机会对有想法、敢闯敢干的人"一往情深"。"80后"小伙高云富根据自己的专业,潜心学习、量体裁衣,找到了自己的创业致富之路。

【好学深思】

创业机会与商业机会有没有区别?

创业机会能经由重新组合资源来创造一种新的手段——目的关系(行为主体在

行为之前心目中想要实现的行为目标或预期达到的行为结果），而商业机会的范畴更广，代表着所有优化现有手段——目的关系的潜力或可能性。

创业机会完全是一种独特的商业机会，它往往会表现为超越现有手段——目的关系链的全盘变化甚至颠覆性变化，而商业机会只是蕴含于手段——目的关系的布局或全盘变化之中。

创业机会具有持续创造超额经济利润或者价值的潜力，而其他商业机会只可能改善现有利润水平，这也是创业机会与商业机会的根本区别所在。

事实上，创业机会与商业机会之间并不存在明显的界限，二者之间的比较只是为了强调创业机会独有的价值或者利润创造特征，并突出其创新性、变革性。

因此，在创业过程中，没有必要刻意去区别创业机会与商业机会，也并非只有把握创业机会才能创业，如果能把握好有利可图的商业机会也同样可以创业，并给社会创造财富，况且很多创业机会往往源于某个或某些具有巨大价值创造潜力的商业机会。

【各抒己见】

下面看看小伙伴们是如何认识创业机会的。

- 学生小萌：创业机会无处不在，只要认真寻找就能找到。
- 学生小艾：创业机会拿来就能创收，用不着深思熟虑，就一个字"干"。
- 学生小昕：不同社会时期所产生的创业机会具有鲜明的时代特征，因此创业者要与时俱进，根据具体时间、地点选择创业机会。
- 学生小叶：选择创业机会要根据自己的人力、财力、物力，量力而行，一定要头脑清醒，正确决策。

点评：

小萌和小艾没有把握创业机会具有隐藏性、易逝性、偶然性和时效性的特点，随机性太强，不能够抓住创业机会这个爱藏猫猫的"小调皮"。

小昕和小叶通过自己的判断，认识到创业机会是与时俱进的，待机而动，主动出击，一定能够抓住这个"小调皮"。

第二讲　机会眷顾有心人——创业机会的来源

创业需要机会,而机会无处不在、无时不有,关键是需要寻找和发现。创业机会的出现往往是由于环境的变动、市场的不协调或混乱、需求的缺口或变化及各种各样的因素。初创者要紧紧盯住创业机会涌出的泉眼,发现并准确地抓住创业机会。

你认为涌出创业机会的泉眼在何处呢?

【他山之石】

机遇对于不同的人有不同的意义。机遇是给有准备的人开设的一扇窗,是给没有准备的人的一次打击与历练。有时候,机遇又像是试金石,是不同种类人的分水岭,将人们按优良等级分类。从根本上说,只有有了能力才能把握机遇。

德国诗人席勒说:"机遇就像一块石头,只有在雕刻家手里才能获得重生。"陈子昂饱读诗书,熟读经史,因而能借摔琴之机展示诗文,扬名洛阳;诸葛亮博览古今世事,精通天文地理,因而能趁刘备求贤之机施展才智,三分天下。

可见,良机是能创造的,在经过一段艰苦卓绝的奋斗后,良机就可能出现,这是量到了一定积累后实现的质的飞跃。

【学无止境】

1. 新技术的产生

创业的技术机会是指由技术进步、技术变化带来的创业机会,是将新技术成功应用于生产的可能性。技术机会指现存技术的规范或性能有改进的可能性,也包括全新技术的出现和应用。创业的技术机会主要包括技术突破带来的机会,工艺创新带来的机会,技术扩散带来的机会,技术引进和后续开发带来的机会。例如,广州巨杉软件开发有限公司开发的巨杉数据库是国内唯一一个完全不基于其他任何开源数据库产品开发的新型商业数据库。其创始人王涛说:"我们的产品看起来跟普通市民相距较远,但是实际上又在百姓的日常生活中无处不在。

94

像你去银行办业务排队拿号时,银行就可以用我们的软件,根据其既有的数据在后台自动分析你的风险偏好,然后由理财经理根据分析结果,对你进行有针对性的理财产品推荐。"这项技术具有自主产权,在市场上不可或缺,预计该企业2024 年的销售额将达到亿元级别。

2. 市场环境变化

环境变化了,市场需求、市场结构必然发生变化。彼得·德鲁克将创业者定义为那些能"寻找变化,并积极反应,把它当作机会充分利用起来的人"。怎么寻找创业机会?这种变化主要来自产业结构变动、消费结构升级、城市化加速、人口思想观念变化、政府政策变化、人口结构变化、居民收入水平提高、全球化趋势等方面。例如,随着居民收入水平提高,国民购买家用轿车的需求猛增,在绿色低碳发展背景下,派生出新能源汽车配件生产、智能检测与维修、充电桩等创业机会。

3. 问题解决

创业的根本目的是满足顾客需求,而顾客需求在没有满足前就是问题。因此,寻找创业机会的一个重要途径是善于发现和体会自己与他人在需求方面的问题或生活中的难处。例如,上海一位大学毕业生发现远在郊区的本校师生往返市区交通十分不便,于是创办了一家客运公司。这就是把问题转化为创业机会的成功案例。

4. 创造发明

创造发明提供了新产品、新服务,更好地满足顾客需求,同时带来了创业机会。例如,随着计算机的诞生,计算机维修、软件开发、计算机操作培训、图文制作、信息服务、网上开店等创业机会随之而来。即使你不发明新的东西,你也能成为销售和推广新产品的人,从而给你带来商机。

5. 市场竞争

如果你能弥补竞争对手的缺陷和不足,则这也将成为你的创业机会。看看你周围的公司,你能比他们更快、更可靠、更便宜地提供产品或服务吗?你能做得更好吗?若能,你也许就找到了创业机会。例如,某超大社区周边的餐馆主要以传统菜肴为主,缺乏对素食或其他特殊膳食需求的关注。创业者可以开设一家专门提供特殊膳食的餐馆,吸引那些有特殊饮食需求的消费者。

我们通过一段视频，看看安徽创业者是如何寻找创业机会的。

在政策中寻找创业机会

点拨：安徽创业者利用政府提供的良好创业帮扶政策，运用新技术满足市场变化带来的需求，成功找到创业机会。

【好学深思】

如果更好地发掘创业机会？

通往成功的道路有很多，不同的人选择不同，无论如何选择，都要保持谨慎，尤其是在做投资决策时，不要让付出的时间和努力白费。可多花时间去了解，以免走冤枉路。因此，我们必须好好寻找创业机会，发现它，并挖掘它。

创业的思路主要包括四种：一是针对现有的产品与服务重新设计改良；二是追随新趋势潮流；三是机缘凑巧；四是通过有系统的研究，发现创业机会。我们在挖掘创业机会时，可以从这些方面入手。当一个新兴产业出现时，其必然能够提供许多创业机会，引发大量创业热潮。不过追随新趋势潮流的背后，也存在相当的风险。因为，究竟这项新兴产业的规模有多大，如何具体发掘潜在的顾客需求，似乎都还不确定。下面跟大家分享一下寻找创业机会的常见做法。

通过分析特殊事件发掘创业机会

例如，国外一家高炉炼钢厂因为资金不足，不得不购置一座迷你型钢炉，而后竟然发现售卖迷你型钢炉的获利率要高于炼钢。再经分析，才发现该国钢品市场结构已产生变化，因此，这家钢厂就将之后的投资重点放在能快速反应市场需求的迷你炼钢技术上。

通过分析矛盾现象发掘创业机会

例如，金融机构提供的服务与产品大多只针对专业投资大户，但占有市场七成资金的一般投资大众却未受到应有的重视。这样的矛盾提示我们，为一般投资大众提供投资服务的产品必将极具市场潜力。

经由新知识的产生发掘创业机会

例如，当人类基因图像研究获得突破性进展时，可以预期其必然在生物科技与医疗服务等领域带来极多的新事业机会。

当我们找到一个好的创业机会时，就必须抱定目标勇往直前。创业也不是简单的游戏，必须全心投入，其中影响成败的因素极为复杂，创业者只有具备相当大的勇气及独立自主的精神，才能获得成功。有人说：人生有梦，筑梦踏实，做个掌握自己生活的主人，永远都不要轻言放弃。

【各抒己见】

下面看看小伙伴们是如何认识创业机会来源的。

● 学生小萌：小艾跟我说了一个盈利的好机会，明天我就要开始创业了。

● 学生小艾：创业机会不用找，看别人干什么盈利就干什么呗！

● 学生小昕：创业机会主要存在于技术发展、市场变革和环境变化当中，我要根据自己的实际情况，从技术变革中寻找适合我的创业机会。

● 学生小叶：目前市场上出现了新的需求，我要从消费者的新需求中寻找创业机会。

点评：

小萌和小艾不知道从哪些方面入手寻找创业机会，只会人云亦云、随大流，这样的机会不一定是机会，有可能是陷阱。

小昕和小叶了解创业机会的来源，从技术发展、市场变革和环境变化中寻求创业机会。

第三讲　识得庐山真面目——创业机会的识别

　　人的命运取决于他的选择,而且在很大程度上选择的重要性要大于努力。美好的人生是由一连串的选择组成的,只有选对行业进行艰苦创业才能获得巨大的成功。

　　当今社会可供选择的创业机会不尽可数,年轻的创业者要怎样进行选择才能找到通往成功的入口呢?

【他山之石】

　　20世纪90年代,董明珠辞去以前的工作南下闯荡。1990年,她进入格力做销售员,勤奋好学的她没多久就出师了,通过自己的努力,半年时间跑出了300多万元的业绩。1992年,她在安徽的销售额突破1 600万元,占整个公司的1/8。随后在南京她又签下200万元的空调单子,一年内个人销售额上蹿至3 650万元,创造了当时的销售神话。1994年,格力出现重大危机,部门主干业务员集体辞职,董明珠经受住了考验,留在格力并接过运营部部长一职。1996年,面对空调行业的价格战,时任格力电器经营部长的董明珠坚定立场不降价,带领团队使公司销售收入增长了7倍。2001年,董明珠出任格力电器的总经理,之后格力开启了"董明珠时代"。她用自己的坚韧和执着走出了一条成功之路。

　　其实,很多时候的创业成功不在于背景有多么强大、资金有多么雄厚,创业能否成功与你的创业项目的选择有很大的关系。因此,才有了那句话:选择大于努力。可问题是很多人不会选择,甚至选择错误。当选择错误的时候,再多的努力也是白费。所以,要想选择正确,就得知道你要的是什么,如何去得到它。

【学无止境】

1. 创业机会识别的原则

　　(1)判断原则。面对一个好的创业机会,为什么行业中具有绝对优势和实力的行业霸主会放弃? 是他们认为"市场"太小,还是认为虽然机会好,但衍生的项目目前技术还不成熟,会导致成本高、利润薄;或他们判断失误,没有发现机会的"含金量"。只有权衡利弊、判断清楚,该机会才有可能真正转化为一个好的创业项目,否则就要谨慎行事。

(2)待机而动原则。"螳螂捕蝉,黄雀在后",为什么螳螂会丧生?因为螳螂捕蝉的行为为黄雀提供了信息,暴露了目标。在市场环境中发现一个好的创业机会,与螳螂捕蝉是一个道理。首先,要审视这一机会能否带来立竿见影的利益点;其次,要谨慎行事,不要像螳螂一样,消耗了大量的资金开辟出新市场,最后却被隐藏在身后的黄雀饱餐一顿。

(3)量体裁衣原则。当你发现一个好的创业机会,准备投入大量的物力、人力、财力和管理时,需要非常清楚自己现在的资金实力,看看自己是否具有将机会转变成实体项目的真正实力,千万不能盲目开业。因为创业资源有限,一旦决策失误,就意味着失败,可能从此一蹶不振,所以一定要头脑清醒,正确决策。

2. 创业机会识别的内容

有人说,创业如同婚姻,没有最好,只有合适。90%的人曾经有过创业冲动,其中60%的人会付诸实施,但是仅有10%的人会取得成功。那么,为什么会有这么多人失败呢?调查发现,98%的失败者都是因为没有选准合适的创业机会,最终不得不半途而废。俗话说万事开头难,选择一个好的机会就等于成功了一半。接下来我们来看看怎样选择好的创业机会。

(1)看产品好不好卖。产品卖出去,把钱收回来,这就是盈利的生意。如果产品不好卖,那么投入再多、付出再大的努力都没有用,想盈利,根本就是天方夜谭。

(2)看市场够不够大。没有想象的空间,没有发展的余地,创业一开始就没了底气、没了冲劲,根本做不大。

(3)看利润空间大不大。利润空间不够大,毛利太薄,很难盈利。辛苦做了一年,年底一算账,不但亏损还要贴人工费用进去。

(4)看趋势特征是否明显。把握趋势、追赶潮流要踩好步点,赶早了,钱不好赚,开发市场成本太高;赶晚了,钱已经被别人赚走了,而且会越做越难。

(5)看收入是否有持续保障。看重眼前利益的短平快机会很难真正盈利,真正盈利的好机会是持续收益的,一年比一年轻松,一年比一年利润多。

(6)看业务模式好不好。盈利要靠系统,要有套路,单靠个人的蛮力打拼和胡乱折腾是难以出成效的。业务模式的好坏直接关系到能否盈利或盈利空间。

(7)看品牌效应是否突出。做生意要懂得借力借势,红顶商人胡雪岩经商的秘诀是三个词:布局、造势、摆平。识别机会看品牌已经是妇孺皆知的道理了,关键还要选中非常有潜力的品牌,这就更需要敏锐的判断和独到的眼光。

(8)看培训支持是否到位。做生意是有步骤、有方法的,成功一定有方法,失败一定有理由。自己摸索,事倍功半;培训引导,事半功倍。

在对创业机会有了一个明确的预期后,我们就可以开始尝试确定一个创业项目。创业项目是指创业者有能力抓住的、具有较强吸引力和持久性的商业项目。创业项目可以为消费者提供有价值的产品和服务,并使创业者自身获益。创业项目的确定可分为五个阶段:创业准备、项目发现、项目评价、项目阐述和项目决策。如果在某个阶段停顿下来或没有足够信息使创业继续下去,创业者的最佳选择就是返回到准备阶段。

让我们通过一段视频,看看应当如何识别创业机会、选择创业项目,找到自己的卖点。

如何寻找产品卖点

点拨:识别创业机会、选择创业项目要迎合人们的需求,也就是要满足消费者的痛点和痒点,从而找到自己的卖点。

【好学深思】

创业机会有哪些好的识别方法?

常用的创业机会识别方法有市场调研发现机会、系统分析发现机会、问题导向发现机会与创新变革获得机会四种。

市场调研发现机会

此处的市场调研主要强调一手资料获取与二手资料获取两个方面:一是通过与顾客、供应商、代理商等面对面沟通,获取鲜活的一手资料与信息,了解现在发生了什么及未来将要发生什么;二是通过各类媒体、出版物、数据库,获取想要的资料与信息,了解通过面对面沟通形式可能无法触及的信息。

获得这些一手资料与二手资料后,要对这些资料进行分类并编码,便于自己随时查询、使用。尤其是拥有某个特定想法时,你可以精准地通过现有的市场调研数据来发现可能的创业机会。

滴水石穿,非一日之功;冰冻三尺,非一日之寒。调研分析、记录想法、再调研分析……这是一个日积月累、厚积薄发的过程。例如,瑞士最大的音像书籍公司的创始人说他就有一本这样的笔记本,当记录到第 200 个想法时,他坐下来,回顾所有的想法,然后开办了自己的公司。

系统分析发现机会

在市场经济发展日渐成熟的现状下,过去"野蛮生长"方式亦能生存、处处是顾客与商机(市场不饱和)的时代已经一去不复返了,现实中更多的企业往往是在"夹缝中求生存,变化中寻商机"。因此,现如今绝大多数的创业机会,只有通过系统的分析才能够科学有效地被发现。我们唯一要做的,就是借助市场调研的方式,从企业的宏观环境(政治、社会、法律、技术、人口等)与微观环境(细分市场、顾客、竞争对手、供应商等)的变化中找寻新的顾客需求与商机,这也成为当今时代创业机会识别最常用、最有效的方法之一。

问题导向发现机会

问题导向指创业机会识别源于一个组织或者个人面临的某个问题或者明确的需求,这恐怕是创业机会识别最快速、最精准、最有效的方法了。因为创业的根本目的是为顾客创造新的价值,要解决顾客面临的问题。这个过程中,常用的方法就是不断地与顾客沟通,不断地汲取顾客的建议,基于顾客的需求,创造性地推出新的产品或者服务。当然,在此基础上进行的市场调研、系统分析是有的放矢的,显得更为科学、严谨。不过,在问题导向发现机会的过程中,要注意把控问题的难易度,不可不切实际地探寻问题解决方案,那样只会徒劳无获。

创新变革获得机会

通过创新变革获得创业机会的方式在高新技术、互联网行业中最为常见。在这种创业机会识别过程中,通常是针对目前明确的或者未来潜在的市场需求,探索相应的新技术、新方法、新知识或新模式,或者利用已有的某项技术发明、商业创意来实现新的商业价值,而且一旦获得成功,创业者凭借其具有的变革性、超额价值的新产品或者新服务很容易就能够在市场中处于压倒性的主导地位。但是,正如毛泽东所说"任何新生事物的成长都是要经过艰难曲折的",创新变革的方式比其他任何方式的难度都要大,风险系数也比较高。因为新技术或者新知识能否真正满足顾客的需求,尚需市场的考验,只有当其稳定性、先进性达到一定的水平,才能成为真正的创业机会,而且新技术的发明通常需要大量持续的资金、人力与物资投入,这个过程往往是极其漫长与艰难的。

【各抒己见】

下面看看小伙伴们是如何选择创业项目的。

● 学生小萌：我的创业机会是加盟一个餐饮连锁企业，别人采用这种方式盈利了，我也没问题。

● 学生小艾：第一次创业，先不管机会好不好，拿来一个试试手。

● 学生小昕：创业机会的识别是有原则的，我要根据原则、按照步骤好好把握我的创业机会。

● 学生小叶：我要进行市场调查，看看人们的痒点、痛点是什么，从而确定卖点，也就是我的创业机会。

点评：

小萌和小艾没有掌握创业机会识别的原则，盲目选择创业项目，有可能找到的是过时的、没有生命力的项目。

小昕和小叶把握创业机会的来源，抓住人们的痒点、痛点，按照创业机会识别的原则和步骤确定自己的创业项目，必将起到事半功倍的效果。

第四讲 真金不怕火来炼——创业机会的评估

尽管发现了创业机会,但这并不意味着要创业,更不意味着成功就在眼前。创业活动是创业者与创业机会的结合,并非所有的创业机会都有足够大的价值潜力来填补为把握机会所付出的成本,也并非所有机会都适合每个人。尽管在整个创业过程中,创业机会评估占用的时间非常短暂,但它非常重要,是创业者发现创业机会之后做出创业决策的重要依据。

你认为创业机会该如何评估呢?

【他山之石】

郭蕴青 17 岁做纺织女工,36 岁时失业。作为南京第一批合同制工人,失业意味着解除劳动合同,没有多少经济补偿。同时失业的姐妹动员她开服装店做生意,她婉拒了,她要找寻适合自己的项目。

2004 年政府工作报告中提到:要把我国从一个农业大国建设成现代化工业强国。"建设工业强国,制造业是根本",这让郭蕴青嗅到了创业机会的味道。敏感的她还有个优势:丈夫谭维耕是机械技术员。有段时间,丈夫常常很晚才回家,原来是被他的徒弟请到私营工厂解决技术难题。"与其帮别人干,不如自己干!"2005 年,郭蕴青与丈夫商定后注册了自己的公司。她的全部家当只有 3 万元,又借来几万元买了 3 台机械设备。企业第一笔业务是 0.68 元加工螺丝 1 万个。郭蕴青夫妇的公司拥有军品和民品两块业务,企业发展资金青黄不接时,南湖街道劳保所为她申请贷款 50 万元。

时至今日,郭蕴青的公司在政策的扶持下保持良好的发展势头,年营业额稳步增长。郭蕴青从政府工作报告中获得创业灵感,这对许多准备创业的人具有启示作用。

【学无止境】

1. 创业机会评估的含义

创业者自身的特征及想法固然重要,但并不是每个想法都能转化为创业机会。许多创业者仅凭想法创业,也对创业充满信心,但最终却失败了。不是每个创业机会都会给创业者带来益处,每个创业机会都存在一定的风险,因此,创业者在利用创业机会之前要对创业机会进行科学的分析与评价,然后做出理性的决策。

2. 创业机会评估的准则

全部的创业行为都来自绝佳的创业机会,创业团队与投资者均对创业前景寄予极高的期盼,创业者更是对创业机会在将来所能带来的丰厚利润满怀信念。不过我们都知道,九成以上的创业幻想最终都会落空。事实上,新创业获得高度胜利的概率大约不到 1%。

假如创业者能先以比较客观的方式进行评估,那么一些先天体质不良、市场进入时机不对或者具有致命瑕疵的创业构想就不会被错认为创业机会,很多悲剧结局就不至于一再发生,创业成功的概率也可以因此而大幅提升。针对创业机会的市场和效益方面提出的评估准则如下。

(1)市场评估准则。

① 市场定位。一个好的创业机会必定具有特定市场定位,专注于满足顾客需求,同时能为顾客带来增值的效果。因此评估创业机会的时候,可通过市场定位是否明确、顾客需求分析是否清楚、顾客接触通道是否流畅、产品是否持续衍生等,推断创业机会可能创造的市场价值。创业带给顾客的价值越高,创业胜利的机会就越大。

② 市场结构。针对创业机会的市场结构进行分析,具体包括进入障碍、供货商、顾客、经销商的谈判力气、替代性竞争产品的威逼,以及市场内部竞争的激烈程度。由市场结构分析可以得知新企业将来在市场中的地位,以及可能遭受竞争对手反击的程度。

③ 市场规模。市场规模是影响新企业成败的重要因素。一般而言,市场规模大者,进入障碍相对较低,市场竞争激烈程度也会略为下降。假如要进入的是一个非常成熟的市场,那么纵然市场规模很大,因为已经不再成长,所以利润空间必定很小,不值得再投入。反之,一个正在成长中的市场,通常也会是一个充溢商机的市场,所谓水涨船高,只要进入时机正确,就会有获利的空间。

④ 市场渗透力。对于一个具有巨大市场潜力的创业机会,市场渗透力(市场机会实现的过程)评估将会是一项特别重要的影响因素。聪慧的创业者知道选择在最佳时机进入市场,也就是市场需求刚要大幅成长之际。

⑤ 市场占有率。从创业机会预期可取得的市场占有率目标,可以推测新企

业将来的市场竞争力。一般而言,要成为市场的领导者,最少须拥有 20% 的市场占有率。但假如拥有低于 5% 的市场占有率,则这个新企业的市场竞争力不高,自然也会影响将来企业上市的价值。尤其在具有赢家通吃特点的高科技产业,新企业只有拥有成为市场前几名的实力,才具有投资价值。

⑥ 产品的成本结构。通过评估产品的成本结构,可以预测新企业的发展前景。例如,从物料与人工成本所占比重、变动成本与固定成本比重及经济规模产量大小,可以推断出企业创建附加价值的幅度及将来可能的获利空间。

(2)效益评估准则。

① 合理的税后净利。一般而言,具有吸引力的创业机会,至少能够创建 15% 的税后净利。假如创业预期的税后净利在 5% 以下,那么这就不是一个好的创业机会。

② 达到损益平衡所需的时间。合理的损益平衡时间应当为两年以内。不过有的创业机会的确需要经过比较长的耕耘时间,通过前期投入,保证后期的持续获利,在这种状况下,可以将前期投入视为一种投资,故能容忍较长的损益平衡时间。

③ 投资回报率。考虑到创业可能面临的各项风险,合理的投资回报率应当在 25% 以上。一般而言,若创业机会仅有 15% 以下的投资回报率,则不值得考虑。

④ 资金需求量。资金需求量较低的创业机会,一般会比较受投资者欢迎。事实上,很多个案显示,资本额过高其实并不利于创业成功,有时还会带来稀释投资回报率的负面效果。通常,学问越密集的创业机会,对资金的需求量越低,投资回报反而会越高。因此在创业之初,不要募集太多资金,最好通过盈余积累的方式创建资金。比较低的资本额将有利于提高每股盈余,还可以进一步提高将来上市的价格。

⑤ 毛利率。毛利率高的创业机会,风险相对较低,也较容易取得损益平衡;毛利率低的创业机会,风险则较高,遇到决策失误或市场产生较大改变的时候,企业很容易遭遇损失。一般而言,较好的毛利率是 40%。当毛利率低于 20% 的时候,这个创业机会就不值得再予以考虑。软件业的毛利率通常会很高,因此只要能找到足够的业务量,从事软件创业在财务上遭遇严峻损失的风险就相对比较低。

⑥ 策略性价值。能否创建新企业在市场上的策略性价值,也是一项重要的评价指标。一般而言,策略性价值与产业网络规模、利益机制、竞争程度亲密相关,而创业机会对于产业价值链所能创建的价值效果,也与它所实行的经营策略与经营模式亲密相关。

⑦ 资本市场活力。当新企业处于一个具有高度活力的资本市场时,它的获利回收机会相对比较高。不过资本市场的改变幅度极大,在市场高点时投入,资金成本较低,筹资相对简单。但在资本市场低点时,投资新企业开发的诱因则较低,好的创业机会也相对较少。不过,对投资者而言,市场低点的成本较低,有的时候反而投资回报会更高。一般而言,新企业活跃的资本市场比较容易创造增值效果,因此资本市场活力也是一项可以被用来评估创业机会的外部环境指标。

⑧ 退出机制与策略。投资的目的都在于回收,因此退出机制与策略就成为一项评估创业机会的重要指标。企业的价值一般要由具有客观鉴价实力的交易市场来确定,而这种交易机制的完善程度会影响新企业退出机制的弹性。由于退出的难度普遍要高于进入,所以面对一个具有吸引力的创业机会,投资者应当考虑退出机制与策略。

3. 创业机会评估的因素

(1)潜在市场规模。一个创业机会中的某种产品或服务若使大多数顾客产生很强的兴趣并产生市场需求,则可以说该创业机会具有潜在市场规模。

(2)对顾客的吸引力。好的创业机会能够为顾客或最终用户创造、增加极大的价值;能够解决一项重大问题,或者满足某项重大需求、实现某个愿望。

(3)成长性。具有成长性的创业机会是指在创业阶段具有潜力与可持续发展能力、能得到高投资回报的创业机会。

(4)产品和服务盈利能力。一个良好的创业机会要求创业者生产的产品和提供的服务要有较高的盈利能力。

4. 创业机会评估的方法

(1)定性评估。这种方法主要考虑确定该创业机会所需具备的成功条件,分析本企业在该创业机会上所拥有的优势,公司所拥有的竞争优势与本公司的发展方向和目标是否一致。创业机会定性评估的准确性与创业者的商业敏感程度息息相关。

(2)定量评估。这种方法指利用创业机会评价标准体系,对创业机会的要素进行打分或评判,相对客观地评价创业机会。例如,利用蒂蒙斯的创业机会评价框架(表4-1)就可进行创业机会的定量评估,该评价框架涉及行业和市场、经济因素、收获条件、竞争优势、管理团队、致命缺陷问题、个人标准、理想与现实的战略差异8个方面的53项指标。创业者可以利用这个体系模型评价一个创业项目或创业企业的投资价值和机会。

表 4-1 蒂蒙斯的创业机会评价框架

评价要素	评价指标
1. 行业和市场	(1)市场容易识别,可以带来持续收入。
	(2)顾客可以接受产品或服务,愿意为此付费。
	(3)产品的附加价值高。
	(4)产品对市场的影响力大。
	(5)将要开发的产品生命长久。
	(6)项目所在的行业是新兴行业,竞争不完善。
	(7)市场规模大,销售潜力达到 1 000 万到 10 亿。
	(8)市场成长率为 30% ~ 50%,甚至更高。
	(9)现有厂商的生产能力几乎完全饱和。
	(10)在五年内能占据市场的领导地位,市场占有率达到 20% 以上。
	(11)拥有低成本的供货商,具有成本优势
2. 经济因素	(1)达到盈亏平衡点所需要的时间在 1.5 年以下。
	(2)盈亏平衡点不会逐渐提高。
	(3)投资回报率在 25% 以上。
	(4)项目对资金的要求不是很大,能够获得融资。
	(5)销售额的年增长率高于 15%。
	(6)有良好的现金流量,能占到销售额的 30% 以上。
	(7)能获得持久的毛利,毛利率达到 40% 以上。
	(8)能获得持久的税后利润,税后利润率超过 10%。
	(9)资产集中程度低。
	(10)运营资金不多,需求量是逐渐增加的。
	(11)研究开发工作对资金的要求不高
3. 收获条件	(1)项目带来附加价值的具有较高的战略意义。
	(2)存在现有的或可预料的退出方式。
	(3)资本市场环境有利,可以实现资本的流动
4. 竞争优势	(1)固定成本和可变成本低。
	(2)对成本、价格和销售的控制力度较大。
	(3)已经获得或可以获得对专利所有权的保护。
	(4)竞争对手尚未觉醒,竞争较弱。
	(5)拥有专利或具有某种独占性。
	(6)拥有发展良好的网络关系,容易获得合同。
	(7)拥有杰出的关键人员和管理团队

评价要素	评价指标
5. 管理团队	(1) 创业者团队是一个优秀管理者的组合。
	(2) 行业和技术经验达到了本行业内的最高水平。
	(3) 管理团队的正直廉洁程度能达到最高水准。
	(4) 管理团队知道自己缺乏哪方面的知识
6. 致命缺陷问题	不存在任何致命缺陷问题
7. 个人标准	(1) 个人目标与创业活动相符合。
	(2) 创业者可以做到在有限的风险下实现成功。
	(3) 创业者能接受薪水减少等损失。
	(4) 创业者喜欢创业这种生活方式,而不只为了多盈利。
	(5) 创业者可以承受适当的风险。
	(6) 创业者在压力下状态依然良好
8. 理想与现实的战略差异	(1) 理想与现实情况相吻合。
	(2) 管理团队已经是最好的。
	(3) 在客户服务管理方面有很好的服务理念。
	(4) 所创办的事业顺应时代潮流。
	(5) 所采取的技术具有突破性,不存在许多替代品或竞争对手。
	(6) 具备灵活的适应能力,能快速地进行取舍。
	(7) 始终在寻找新的机会。
	(8) 定价与市场领先者几乎持平。
	(9) 能够获得销售渠道,或已经拥有现成的网络。
	(10) 能够允许失败

① 评价框架说明。

第一,该评价框架对评价主体要求相对较高,一般要求评价者是行业经验丰富、商业嗅觉敏锐且具有一定管理经验的投资人或资深创业者,同时要求使用者熟悉指标内涵及评估技术。

第二,该评价框架对评估方法要求较高,一般要求运用定性与定量相结合的方法,只有这样才能得出创业机会的可行性及不同创业机会间的优劣排序。

第三,该评价框架中的指标项目比较多,在实际运用过程中可以结合实际需求进行适当的梳理简化、重新分类,提高使用效能。

② 评估方法说明。

蒂蒙斯的创业机会评价框架为我们提供的是一套评价标准,我们需要运用科学的步骤和专业的评价方法进行创业机会评估。常用的评价方法有以下两种。

第一，标准矩阵打分法。标准矩阵打分法指评价者(专家)对创业机会评价指标体系的每个指标进行极好(3分)、好(2分)、一般(1分)3个等级的打分，形成打分矩阵表，然后求出每个指标在各个创业机会下的加权平均分，即评价结果。由于每个创业机会的评价指标不一样，所以这种评价方法可以用于对不同创业机会进行对比评价，其量化结果可直接用于机会的优劣排序。当该方法只用于一个创业机会的评价时，则可采用多人打分后进行加权平均。加权平均分越高，说明该创业机会越可能成功。就蒂蒙斯的创业机会评价框架而言，一般来说，高于100分的创业机会可进一步规划，低于100分的创业机会则需要考虑淘汰。

第二，Baty选择因素法。Baty选择因素法可以看作标准矩阵打分法的简化版。评价者凭借个人对创业机会的认知与理解，直接按照蒂蒙斯的创业机会评价框架中的各项评价指标，判断自己的创业机会是否符合这些指标要求。如果创业机会符合指标要求的数量低于30个，则说明该创业机会很可能不可行；如果创业机会符合指标要求的数量高于30个，则说明该创业机会大有希望，值得探索与尝试。运用这种方法的过程中，需要特别注意其中的某些关键因素的"破坏力"。例如，创业机会一旦存在"致命缺陷问题"，再多的合格指标数量也无济于事，该要素可对创业机会进行"一票否决"。该方法比较适用于创业者进行自评。

第四讲

真金不怕火来炼——
创业机会的评估

让我们通过一段视频，看看其中提到的创业项目算不算好的创业项目。

创业项目靠不靠谱

点拨：不调研、不评估，拍脑袋想出来的创业项目是不切实际、过时落伍的，必定会以失败告终。

【好学深思】

小米风险投资为什么能成功？

2018年，华米科技上市，雷军的评价是：小米生态链模式的巨大成功。他还表示，华米对小米的贡献不仅仅是一个mi乐队，更是整个生态链商业模式的开端。

所谓生态链，就是小米以投资管理的形式，招募了一批智能硬件创业公司。他们为小米生产手环、耳机、充电宝、空气净化器、净水器等爆款产品，公司名称大多有"米"字。

109

小米目前有百余家生态链公司,华米是第一家上市公司,上市时间甚至在 2018 年 7 月小米首次公开募股(Initial Public Offering,IPO)之前。另一家生态链公司米云也在同年年底敲响了纳斯达克的钟声。2016 年,这些公司的总收入达到 150 亿元。无论是爆炸式的制造能力还是收入水平,小米生态链都是互联网智能硬件的成功范例。

生态链的投入需要小米首席财务官(Chief Financial Officer,CFO)的最终签字。某生态链公司的一位负责人表示,很多项目都被小米放弃了,尤其是小米上市之后。当小米生态链的头部公司谋求"去小米化"的时候,新公司想加入这个体系可能没机会。一位与生态链合作多年的创业者总结出小米生态链经历了几个阶段,具体如下。

早期,小米发现好公司,想投投不进,只能自己孵化。小米联合创始人之一的刘德看上一家做空气净化器的公司,但要价太贵,他干脆带着创业点子找到同学苏峻,创立了智米。

生态链模式逐渐跑通,小米就要求公司具备一定基础,投资旋律从 2014 年的孵化变成 2015 年的助推,小米捕获了一批中型公司。原因是:早期项目周期太长,小米等不及,希望投资之后,马上就有产品上架,可以快速抢位,扩充生态链产品线。

当下,不是谁想进都可以,一大堆公司想挤也挤不进来。只有那些独立生存状态良好的公司才会是小米的首选。即便进入生态链,产品要想打上"米家"的品牌,供应链、设计等也要经过"三堂会审"。这些创业者称,因为小米的品牌含金量越来越高,要求也越来越严格。

雷军在内部是这样解释投资动机的:"小米不是投资公司,追求的是连接设备越多越好,投资盈利不是我们要考虑的,第一考虑是,符不符合我们的战略,第二条能不能不赔钱,老赔钱我们也扛不住。"

这决定了小米与生态链公司的关系天然存在博弈。在投资关系中,生态链公司要为股东小米创造利益最大化;但作为小米的供应商,生态链公司却不可避免地被供货价格最低化。

此外,小米对产品设计、工艺要求苛刻。如果一个硬件产品不足以打磨到极致,就轻易不会接受上市。

每个创始人都有一个独立发展的梦想。当翅膀渐硬,就会开始寻求独立。小米的战略投资协议经过几个版本的调整,每个版本都有不同的约定,据一位生态链公司负责人叙述,尤其后面投的项目,条款比较严格,包括股权出售等具体问题,都有明确约定。

【各抒己见】

下面看看小伙伴们是如何认识创业机会评估的。

● 学生小萌：什么评估不评估，有了机会就试试呗，机不可失，时不再来啊。

● 学生小艾：创业机会不用评估，对于创业小白来说，检验创业机会的唯一标准就是实践出真知，先"干"了再说。

● 学生小昕：并非所有的创业机会都有足够大的价值潜力来填补为把握机会所付出的成本，因此，为了降低创业风险，减少创业损失，我要提前做好创业机会的评估。

● 学生小叶：并非所有机会都适合我，我要通过创业机会评估找到一个最适合我性格和手头资源的创业项目。

点评：

小萌和小艾在选择创业机会的时候没有认识到机会和创业主体的差异性，只顾任恣强闯，势必会撞得头破血流。

小昕和小叶知道根据创业机会的特性进行评估，判断机会的投入产出比率，从而找到一项最适合自己的创业项目，会降低创业风险，提高创业成功率。

第五讲　小心驶得万年船——创业风险的识别

随着国内经济发展方式转变、新旧动能转换、产业结构转型升级,以及国际经济环境变化,我国高校大学生就业形势依旧严峻复杂。在此背景下,促进高校大学生多渠道就业,鼓励各类创新型人才积极投身创业事业,推动创新创业高质量发展,是学校和政府部门的重要工作之一。

虽然机会无处不在,但是随之而来的风险也比比皆是。因此,创业者在创业初期就要转变观念,不断进行研究与实践,在体现创业价值、实现收益的同时,要高度重视创业风险。

创业者应怎样接住馅饼,避开陷阱呢?

【他山之石】

"成也萧何败也萧何",风险投资成就了澎湃养车,而资金不足成为其破产的罪魁祸首。2015年,全球股灾造成资本市场的寒冬,进一步冷却了汽车后服务市场的火热,澎湃养车在这一年因资金链断裂而宣告业务的全面停止。

在此之前,澎湃养车依靠京东易车1 800万美元的B轮融资成功估值6亿美元,他们计划于2016年年底覆盖100个城市,招聘1万名技师。本以为可以通过大肆投入、扩张实现品牌推广、吸引用户,最终成长为汽配领域的独角兽,然而事与愿违,由于投入过多加上资本寒潮来临时C轮融资无法按时到位,澎湃养车最终走向灭亡。

其实,在整个汽车后服务市场都不景气的时候,澎湃养车也曾为节省成本采取收缩战略,暂时取消部分城市的服务。但一切都已经来不及了,依靠融资铺开的市场盈利困难,覆水难收;而快速抢占的新市场也沦为企业新的负担,在没有占据足够市场份额的情况下,受制于资金链缺失、资源窘困等现状,澎湃养车最终在双重夹击下业务告停。

事实上,很多创业公司栽在了盲目扩张上。创业者通过"砸钱"做市场推广,往往容易混淆用户的真需求和伪需求,当营销策略停止之后,成本回收之路却道阻且长,创业者赔了夫人又折兵,落得两手空空。由此可见,汽配电商平台在发展过程中必须注意成本与盈利的平衡点,既要考虑资金筹措成本和风险,又要考虑成本回收和长期价值之间的平衡,盲目扩张只会加速灭亡。

【学无止境】

1. 创业风险的定义

创业风险是指在企业创业过程中存在的风险。具体而言,创业风险是创业环境的不确定性、创业机会与创业企业的复杂性、创业者与创业团队能力及实力的有限性,导致创业活动结果偏离预期目标的可能性及其后果。创业风险可能会给创业者的现有财产或潜在利润带来损失。

2. 创业风险的共同特征

虽然不同的创业项目存在的风险不尽相同,但创业风险有一些共同的特征。了解这些特征有助于创业者更好地预测创业过程中存在的风险。

(1)客观性。创业风险存在于创业活动的整个过程中,不因个人的意志而转移,也没有办法完全消除,伴随着创业活动的始终。

(2)不确定性。创业风险与时间、空间、损失程度等因素密切相关,这些因素具有较强的不确定性和变化性。

(3)可预测性。在一定时期内某种风险发生的概率和损失率能够用有关理论预测出来。

(4)放大性。在创业项目这样不确定的风险系统中,如果不对起初的微小风险因素加以有效控制,随着时间和环境的变化,则会导致风险产生的结果不断放大。

(5)可控性。控制引发风险的客观条件,在一定程度上可以控制风险的发生或将风险带来的损失降到最低。

3. 创业过程中面临的主要风险

任何创业项目都是成功与风险并存的。因此。为了实现利益的最大化,就有必要认识和规避风险,以提高创业的成功率。要达到这个目的,就要关注创业过程中面临的主要风险。

(1)技术风险。技术风险是指由技术的不确定性导致的创业失败的可能性。例如,有的技术有副作用,会造成环境污染、生态环境破坏等,创业项目就有可能受到限制而不能实施。

（2）市场风险。市场风险主要是指在创业过程中将产品投向市场时，因市场的不确定性带来创业失败的可能性。例如，世界著名的贝尔实验室在20世纪50年代就推出了图像电话，但直到20年后才开始商业应用。

（3）环境风险。环境风险是指因外部环境的变化而给企业带来的风险，它们对创业者能够创业成功有着至关重要的影响。环境风险包括政治法律环境风险、经济环境风险、技术环境风险、人口环境风险、自然环境风险和社会文化环境风险。

（4）财务风险。财务风险是指因资金不能适时供应而给创业企业带来的风险。

（5）人力资源风险。人力资源风险主要是指由创业者、创业团队中的主要成员造成的对创业发展产生不良影响或偏离经营目标而给企业带来的风险。

（6）管理风险。管理风险主要是指在创业过程中由于管理不善给企业带来的风险。诺贝尔经济学奖获得者、管理学家赫伯特·亚历山大·西蒙曾说："管理就是决策。"对于创业者而言，决不可以根据自己的喜怒哀乐或不切实际的个人偏好而做出决策。

（7）法律风险。法律风险是指法律因素导致的，或者经营管理时因缺乏法律支持而带来的各类企业风险。

让我们通过一段视频，了解技术风险的危害。

技术泄露

点拨：视频主人公那蓝将郭鑫年开发的程序落到了竞争对手金城的家里，导致技术泄露，这给郭鑫年的创业之路带来了不小的麻烦，这就是创业过程中的技术风险所致。

【好学深思】

识别创业风险需要考量哪些方面？

市场调研

分析市场需求的稳定性和潜在变化，如果市场需求不稳定或处于快速变化中，则可能会带来风险；评估竞争态势，了解竞争对手的优势、劣势和市场份额，竞争过于激烈可能导致市场份额难以获取。

财务分析

审视资金的来源和稳定性，确保有足够的启动资金和持续的资金流支持；预测成本和收益，包括固定成本、变动成本、销售价格和销售量等，避免出现成本超支或收益不及预期的情况。

法律法规

熟悉相关行业的法律法规和政策，确保企业的经营活动合法合规，避免因违法违规而遭受处罚。

技术评估

如果创业涉及新技术，就要评估技术的成熟度、可靠性和可替代性。技术不成熟或容易被替代可能影响产品、服务的质量和竞争力。

人力资源

考察核心团队成员的能力、经验和合作默契度，团队成员能力不足或合作不顺畅可能影响项目进展；考虑人员流失的可能性和对业务的影响。

管理能力

创业者自身的管理经验和能力是关键，缺乏有效的管理可能导致企业运营混乱。

行业趋势

关注行业的发展趋势和宏观经济环境的变化，行业衰退或经济形势不佳可能对企业产生负面影响。

供应链

分析供应商的稳定性和可靠性，确保原材料或服务的及时供应，避免供应链中断带来的风险。

客户关系

评估客户的忠诚度和信用状况，客户流失或客户信用不佳可能影响企业的收入。

突发事件

考虑可能出现的自然灾害、公共卫生事件等突发事件对企业的影响，并制定相应的应急预案。

通过以上多方面的综合考量，可以较为全面地识别创业过程中可能面临的风险。

【各抒己见】

下面看看小伙伴们是如何认识创业风险的。

● 学生小萌:创业肯定存在风险,只要我大力做广告宣传就可以消除风险。

● 学生小艾:我老爸有很多钱,我创业不存在财务风险。

● 学生小昕:创业风险无处不在,我们在创业的前期、中期和后期都要做好风险的防范。

● 学生小叶:我要提高自身素质,多方面综合考虑,最大限度地降低创业风险。

点评:

小萌和小艾没有认识到创业风险的普遍性和不可规避性,没有风险防范意识。在创业过程中小则走弯路,大则导致创业失败。

小昕和小叶具有创业风险意识,认识到了风险的普遍性和长期存在性。在创业过程中始终警钟长鸣,保持警惕,可以降低创业失败率。

》 百炼成钢

实训1: 21 点游戏

● 实训场地:教室。

● 游戏人数:4 人。

● 游戏准备:1 副扑克牌。

● 游戏规则:准备 14 张扑克牌,A、2、3……J、Q、K 和"大王",分别代表数字 1、2、3……11、12、13 和 21;同学们轮流抽取扑克牌,目的是凑成数字 21,谁先凑成 21 谁就胜出;一共抽取 5 轮,中间可以放弃或继续抽取扑克牌;5 轮结束,如果没有人凑到 21,就确定最接近 21 且小于 21 的同学胜出。要注意的是,如果手中扑克牌的和超过 21 就爆掉了,也就是输了。

● 游戏小结:在抽取扑克牌的过程中,抽取的次数越多,距离 21 越近,但是距离爆掉也越近,因此同学们应当适时根据手中扑克牌的大小评估风险,确定下一轮是否继续。这个游戏的主要目的是让同学们认识风险,进行风险评估,从而认识创业中的风险,了解如何避免或者降低风险。

实训2：投网球游戏

- 实训场地：教室空地。
- 游戏人数：4人。
- 游戏准备：纸篓、网球（各1个）。
- 游戏规则：将网球投进纸篓，距离纸篓3米投进得2分，距离纸篓6米投进得4分，距离纸篓9米投进得8分，投不进不得分；每人限投3次，每次可选择不同的投球位置，最后得分高者获胜。
- 游戏小结：通过这个实训游戏，希望同学们认识创业风险，进行风险评估，从而根据自身情况选择创业项目。

见贤思齐

≫ 见贤思齐

张文缙：机会只青睐有准备的人

张文缙是东营职业学院的一名毕业生，也是东营市春庆农业科技发展有限公司的创始人之一。他与同学一起设计的"智慧农业多功能机器人""智能农业大棚二氧化碳调控系统""全自动水肥一体化系统"，多次获得国家级、省级创新创业大赛、机器人大赛的一等奖，学校的创新创业教育和参加大赛的经历，引导着他走上了创业之路。

进入大学后，在社团纳新时，张文缙报名参加了机器人协会。通过活动他发现：我国不断通过加快农业机械化的方式，积极提升自身对现代农业经济的认识水平。其中，农业机器人的出现和应用，极大地改变了传统耕作模式，给我国的现代农业发展带来了全新改变。但就中国的现状来说，国内喷雾机械产品种类较少，而且结构简单，成本低，制造工艺差，喷洒部件和喷洒技术与国外相比也有很大的差距，喷洒出去的农药仅有20%～30%能够沉积在靶标上，利用率低，既浪费了大量农药，又对环境造成了污染。大量农药的使用也增强了害虫的抗药性；为了消灭害虫，又要加大农药施用量，这样就造成了恶性循环，不但污染环境，而且农产品的质量也得不到保证，直接影响到了人们的身体健康。

于是张文缙利用平常使用的单片机与各种驱动控制器、传感器，开发了农业机器人在田间作业时的苗带识别和路径跟踪控制系统。为了简化农业机器人的反馈系统，他还设计了一套农业机器人的视觉导航系统和电机的控制算法。该系统通过单目摄像头获取田间图像，识别出苗带区域和可行走区域，在可行走区域规划出行走路径,获取导航信息,然后控制农业机器人按照规划的路径行走。运用履带式行走、双轮驱动兼导向及直流有刷电机的设计方案,使机器人能够适应田间多种地形。冬季大棚中二氧化碳的浓度难以估计,而且不能很好地检测到植物的生长情况,由此他得到了启示,在机器人上安装了二氧化碳调控系统及植物生长监控分析系统,让机器人能够及时调控大棚中的二氧化碳浓度,并且能够很好地监测到大棚中植被的生长情况。他安装了水箱、水泵、电磁阀、推杆、喷杆等工具,让机器人能自主地在大棚内进行喷药、施肥;还在机器人的后方采用拖挂式结构,可以安装除草轮、小型播种机、覆膜机、开沟犁等,用来实现除草、播种、压膜、开沟等功能。

当设备研发出来后,张文缙及其团队报名参加了第十三届全国高等职业院校"发明杯"大学生创新创业大赛。开始时,他们对大赛的概念还不是很清晰,得益于学校"熟手带新手校园实践训练的平台"模式,解决了他们实践经验不足的问题。凭借这个项目,通过不断的努力和练习,张文缙团队获得了第十三届全国高等职业院校"发明杯"大学生创新创业大赛一等奖、三等奖,山东省大学生科技创新大赛二等奖、三等奖的好成绩。

后来他们准备创业,一开始,他们因为急于求成,把创业项目做成了"四不像"。在不断受挫和改进中,他们认识到创业不能纸上谈兵,计划做得再好,如果没有风险控制预案,到实践环节,则可能会是另外一番光景。现在很多大学生在寻找创业项目时都是发发问卷、做做数据调研、查查文献,或找几位老师、同学聊聊。刚开始很兴奋:"哇!这是个蓝海市场,需求这么大,在这个领域创业一定走得通。"但真正创业后,会出现各种各样以前没有想过的问题。以组建创业团队为例,团队中每个人都有自己的想法和目标,每个人的知识结构、经验阅历和个性特征都不同,在面对有争议的问题时,大家可能会争得面红耳赤。其实,争论是为了找到共识。团队在一次次争论中明辨是非、方向,相互激励,相互帮助,共同为决战准备着。

模块五
组建创业团队

　　创新因"创"而破茧成蝶，创业因"众"而厚积成势。俗话说得好，"滴水不成海，独木难成林"。一份成功的事业，必由一位杰出的领袖带领，而领袖的背后，必有一支强大的团队！"一人难挑千斤担，众人能移万座山""天时不如地利，地利不如人和"，这些话都说出了团队的重要性。在创业的过程中同样如此，只有建立一支强大的创业团队，才能无坚不摧、战无不胜。那么怎样建立一支有战斗力的创业团队呢？

　　在创业团队中，领头人物的作用至关重要，他是团队的核心、灵魂和带路人。那么团队领头人物又该具备哪些素质呢？

　　通过本模块的学习，你将能够：了解创业团队的内涵和要素；理解创业团队的类型；掌握创业团队成员的选择技巧，创业团队领导者的塑造方法，以及创业团队的管理技巧。

第一讲　一个好汉三个帮——创业团队认知

创业如同拔河，"人心齐，泰山移"。在创业浪潮中，团队的力量被越来越多的人看好。相信大家都了解，小米的产品五花八门，涉及各个领域，如手机、平衡车、无人机、新能源汽车等，截至 2024 年上半年实现营收人民币 889 亿元，同比增长 32.0%，一家公司在短短十几年内能发展到这样的规模，着实令人敬佩。

你知道小米是如何做到的吗？

【他山之石】

2010 年 4 月 6 日，小米正式成立，雷军从小米成立之日起就担任 CEO，一直亲手操持小米的发展方向和具体业务，每天都倾注大量时间、精力。不难想象，此次的创业雷军谋划已久，小米的诞生寄托了他创办"伟大企业"的梦想。雷军对小米的雄心，从其豪华的创始人团队也能窥见端倪。除了创始人雷军，小米联合创始人包括原谷歌中国工程研究院副院长林斌、原摩托罗拉北京研发中心高级总监周光平、原北京科技大学工业设计系主任刘德、原金山词霸总经理黎万强、原微软中国工程院开发总监黄江吉和原谷歌中国高级产品经理洪锋。其中，林斌任小米总裁，负责公司日常运作，其余 5 名联合创始人分任副总裁。这几位联合创始人具备在一流企业平均超过 15 年的从业经验。

谈到自己的创业经验及小米的成功之道时，雷军说："创业时找到了好的团队就成功了一半。"在优秀团队的带领之下，小米一年一个台阶，高速发展了起来。

【学无止境】

1. 创业团队的含义

创业团队是由较少的企业创始人组成的，为实现某一个目标，共同创建、共同投资、分享决策权的一个紧密合作的团队。也就是说，共同创建、共同投资、分享决策权是组成创业团队的三项要件。在一般情况下，只要符合上述三项要件中的其中两项即可被认定为创业团队。俗话说得好：一根筷子容易折，一把筷子难折断。创业者在创业过程中的压力是来自方方面面的,因而寻求联合创始人或合伙人的帮助有助于提升创业的成功概率。

2. 创业团队的组成要素

一般而言,创业团队需要具备以下五个要素,也就是我们所说的 5P 原则。

(1)目标(purpose)。目标指团队应该有一个共同的既定目标,为团队成员导航,知道要向何处去。没有目标,这个团队就没有存在的价值。作为创业团队,应将目标分为长期和短期,长期目标即公司的愿景,短期目标则是长期目标的分解。目标的完成过程应当是所有团队成员共同努力的过程,而不能成为创业者自己奋斗的辛酸史。

(2)人(people)。人是构成团队最核心的力量,两个(包含两个)以上的人就可以构成团队。目标是通过人员具体实现的,因此人员的选择是团队中非常重要的一部分。一般来说,创业者都愿意选择那些技能最优、经验丰富的人员作为创业团队成员。在创业团队中,不同的成员通过分工共同完成创业团队的目标,团队的规模不宜过大,因为冗余人员有可能会令整个团队的高效运转变成一纸空谈。此外,规模过大还会导致团队内产生小团体,这势必削弱团队的凝聚力。但是,团队的成员也不宜过少,不然团队应有的功能与优势就无法实现。

(3)定位(place)。创业团队的定位通常包含两层意思:一是创业团队的定位,指创业团队在初始企业中处于什么位置,创业团队最终应对谁负责等;二是创业团队成员在团队中的定位,包括个体作为成员在创业团队中扮演什么角色等。

(4)权限(power)。权限是指新企业中职、责、权的划分与管理。创业团队内部的权限需要正确划分。这样做的目的是保证创业计划的顺利进行和各项工作的有效进展。在权限划分中,创业团队应该明确每个成员在企业运营中所拥有的权利和要承担的职责。所谓的明确,指权限划分不能重叠,也不能空缺。一般来说,创业团队的权限与企业的大小、正规程度相关。

(5)计划(plan)。计划有两层含义:一方面计划是为保证目标的实现而制定的具体实施方案;另一方面计划在实施中会分解出细节性的计划,需要创业团队共同努力完成。

此外,在创业之初,创业者往往会面临很多困难,创业团队的建设并不像想象中的那样简单,这需要创业者有心理准备。

让我们通过一段小视频,看看"新梦想"创业团队是如何组建起来的。

创业团队的组建

点拨："新梦想"创业团队中的成员有着共同的目标,也有着各自的分工和定位。由于创业活动的特殊性,创业团队不必具备每个要素,我们可以整合其他团队的优势资源。随着企业发展逐步成熟,团队建设也应该逐步完善,单打独斗不容易成功,抱团儿打天下才是王道。

【好学深思】

刘备是如何组建团队的?

在涿郡(今河北省涿州市)的楼桑村,有个叫刘备的人,15 岁时就外出游学,后来跟卢植、郑玄学习,结交了公孙瓒。刘备素有大志,时逢天下大乱,觉得是个创业的好机会。毕业后,他便回乡寻找创业的机遇。刘备家里是很贫困的,常常靠乡邻资助,他会编织草鞋,每天就拿着编织好的草鞋出去调查市场。

张飞是涿郡的卖肉大户,家资富裕,也想在这个乱世闯一番事业,所谓乱世出英雄,但是他没有多少知识,是个不爱学习的人。夏天天气很热,为防止猪肉腐坏,就放了一大件猪肉在井里,井水冰凉,有保鲜作用,可见张飞还是很聪明的。他喜欢结交英雄好汉,那怎么知道谁是英雄好汉呢? 他就想了个法子,在井口放上一块巨大的石磨,用这个识别有才能的好汉。他让自己的员工在那守着,谁能把肉拿出来,就把肉送给他。

关羽是河东解良(今山西省运城市)人,为了救自己的心上人杀了县官,逃难到涿郡,为了生计他到市集贩卖绿豆。自己有一身武艺技能,想报效国家,却因现实不得不止步。

这天刘焉出榜文招募义兵,行至涿郡,年及 28 的刘备见后,心中非常激动,觉得这是个机会。他平常以中山靖王之后自居,却没有人把他当回事,本身又没有资金,想到这里,慨然长叹! 这时路过的张飞听到,就大声骂刘备:"大丈夫不与国家出力,何故长叹!"刘备看看他,没有说话就走了。刘、关、张三人都看了榜文,各自有打算。刘备找了个地方,把草鞋摆出来,坐下思考如何抓住这个机会创业。这个时候,关羽推着独轮车,拉着绿豆过来摆摊,看了一眼刘备,刘备也看了一眼关羽,见其身长九尺,髯长二尺,面如重枣,唇若涂脂,丹凤眼,卧蚕眉,相貌堂堂,威风凛凛。刘备心里异常高兴,他认为关羽是个人才,而创业需要人才,便开始琢磨怎么能把关羽招为己用。这时因为张飞肉铺的伙计不把肉卖给老百姓,关羽看不过去就与他打了起来。

两人你来我往,打了几十回合,没有分出胜负,刘备把这一切看在眼里,觉得招揽的机会就在此时。刘备想到这里，有了主意，等待时机出手劝架。就在张飞和关羽打在一起、相持不下的时候，刘备一手抓着张飞的手，一手抓着关羽的拳头，把握时机，把张飞和关羽的手掰开，张飞和关羽心里都在想，好力道。这时，刘备说："两位壮士身怀绝技，武艺惊人，佩服！佩服！"

人都喜欢被赞扬，张飞和关羽一听，很高兴，也都回礼刘备。张飞性格豪爽，立马招待刘备和关羽到庄上做客，好酒好肉地招待他们，三人关系就更近了一步。这时刘备把握住时机，讲自己乃中山靖王之后，张飞、关羽一听，肃然起敬，刘备继续发挥口才，兜售他的创业梦想，有故事、有情节、有内容，张飞听后认为可行，便决定投资，关羽没有钱，默默地喝酒。刘备看在眼里，就过去说服关羽一起干大事。于是三人合伙创业，在乱世中闯一番事业。为了绑定更牢靠的合伙人关系，他们提出了结拜，把人才牢牢地抓在了手中，刘备乃皇族之后，又比关羽、张飞年纪大，自然而然就成了"CEO"。

【各抒己见】

下面看看小伙伴们是如何认识创业团队的含义和要素的。

- 学生小萌：组建创业团队就是找几个人一起干活。
- 学生小艾：态度很重要，只要愿意和我一起努力，我就愿意将他们吸纳到我的创业队伍中来。
- 学生小昕：创业团队不是创业者简单地汇聚，而是为实现某一个目标，共同创建、共同投资、分享决策权的一个紧密合作的团队。
- 学生小叶：创业团队很重要，要考虑统一的目标、合适的人选、正确的定位、明确的权限和具体的计划等多个方面因素。

点评：

小萌和小艾没有理解创业团队的含义和要素，在创业的过程中就会走弯路，不容易成功。

小昕和小叶明确了创业团队的含义和要素，他们据此组建的创业团队必将在创业过程中起到事半功倍的效果。

第二讲　心有灵犀一点通——创业团队成员的选择

创业团队中的成员是一起努力打拼、共同承担失败、共同分享喜悦的人。他们如同一家人,将个体的力量整合为强大的攻击力,并保持这种攻击力的持久性。但是,在团队组建初期,创业项目还没有完全确定、创业思路还不完善,可能存在成员选择的随意性和成员结构的失衡,为后期创业项目的实施埋下隐患,甚至导致整个创业团队的解散。

你认为该如何选择合适的创业团队成员呢?

【他山之石】

三只松鼠股份有限公司(以下简称三只松鼠)自2012年成立以来,已成长为中国销售规模最大的零食品牌。它的创始人章燎原只有中专学历,在2012年之前,他已在农产品行业深耕九年,将一个销售额不足400万元的小公司,打造成销售额近2亿元的当地知名品牌。

创业初期,团队只有五个普通年轻人,可谓阵容"寒酸",他们的创业故事从一间租来的民房开始。三只松鼠的快速崛起得益于章燎原及其团队为三只松鼠注入了团结奋斗的"精气神"。团队成员各自发挥的作用:章燎原具备领导能力和行业经验,其他创业成员在创业初期共同努力、克服困难,他们的线上和线下能力相互配合,同时在不断学习和适应互联网思维,推动品牌发展。

可见,创业团队的成功离不开团队成员之间的互补、信任与协作,以及对市场的准确判断和不断创新的精神。他们在面对各种挑战时能够共同应对,充分发挥各自的优势,推动企业不断发展壮大。当然,成功的创业团队还有很多,每个团队都有其独特的故事和成功因素。

【学无止境】

1. 创业团队成员的角色

在一个创业团队中,每个成员所扮演的角色不同,公司作为一个团队,更是由不同的角色组成的。一般而言,创业团队中有八种角色,分别是实干者、协调者、推进者、创新者、信息者、监督者、凝聚者、完美者。每种角色的作用都是不同的,他们的团结协作推动团队走向完美。

2. 创业团队角色的特点

(1)实干者。实干者对工作总是勤勤恳恳,吃苦耐劳,有一种"老黄牛"的精神。对待上司交给他们的工作任务,他们会按照上司的意图兢兢业业、踏踏实实地把事情做好。但他们对新生事物不敏感,处理问题缺乏想象力和灵活性。他们对自己所处的环境,即便不满足也不会主动寻求改变。

(2)协调者。协调者愿意虚心听取各方意见,看问题客观、公正。当协调者遇到突如其来的事情时,他们往往表现得沉着、冷静,对事物有较强的判断能力,对自己把握事态发展的能力有充分的自信,处理问题时能够控制自己的情绪和态度,具有较强的抑制力。由于过于重视人际关系的处理,协调者有时容易忽略创业团队的发展目标。

(3)推进者。推进者思维敏捷、开阔,充满活力,对事物具有举一反三的能力,能从多方面考虑解决问题的方法,敢于挑战传统势力。推进者性格开朗,擅长与人接触,能很快适应新的环境,能利用各种资源,善于克服困难和改进工作流程。推进者的优点突出,但有些推进者遇到事情表现冲动,容易产生急躁情绪。

(4)创新者。创新者具有鲜明的个性特征,思想深刻,对许多问题的看法与众不同,有自己独到的见解,考虑问题不拘一格,思维比较活跃,在团队中表现得才华横溢,具有超出常人的想象力。有时候创新者会给人一种高高在上的印象。

(5)信息者。信息者的性格往往比较外向,喜爱交际,对人、对事总是充满热情,表现出很强的好奇心。他们与外界联系比较广泛,各方面的消息都很灵通。信息者有时候会给人留下一种时过境迁、兴趣容易转移的印象。

(6)监督者。监督者的头脑清醒,有极强的判断是非的能力。处理问题理智,对人、对事表现得言行谨慎、公平客观,他们喜欢比较团队成员的行为,喜欢观察团队的各种活动过程。有时候,监督者容易从负面来看待周围同事,缺乏激发团队中其他成员活力的能力。

(7)凝聚者。凝聚者比较擅长人际交往,能与人保持和善、友好的关系,为人处世比较温和,对周围环境和人群具有较强的适应能力,能够促进团队成员之间的相互合作。有时候,因为要设身处地地为所有团队成员考虑,他们常常在危急时刻表现得优柔寡断,不能当机立断。

(8)完美者。完美者做事勤奋努力,并且秩序井然,他们总是持之以恒,决不会半途而废。他们待人接物认真、严谨,对待事情力求完美,是一个理想主义者。完美者有时会拘泥于细节,对项目完成缺乏战略考虑,遇事不够洒脱。

综上,实干者善于行动,协调者善于寻找到合适的成员,推进者善于让想法立即变成行动,创新者善于出主意,信息者善于发掘最新"情报",监督者善于发现问题,凝聚者善于化解矛盾,完美者强调细节。合伙创业可以增加创业的成功率,在资金共享的同时,还可以共同承担风险。但是在合伙创业过程中是很容易产生分歧的,为规避风险,在创业之初一定要谨慎选择创业合伙人。创业合伙人只要能充分发挥各自优势,扬长避短,就能形成巨大的合力。

让我们通过一段视频,看看在电影《红海行动》中的行动小组是如何分工的。

行动小组分工

点拨:在行动小组中,人员分工不同,各司其职,最终取得行动的成功,创业团队亦是如此。

【好学深思】

选择团队成员应考虑哪些因素?

在任何一个团队中,选择合适的团队成员都是非常重要的。一个团队成员的能力和态度,不仅会对整个团队的效率和效益产生影响,还能决定团队最终的成败。那么,选择团队成员该考虑哪些因素呢?

个人能力与专业技能

个人能力与专业技能是选择团队成员的重要标准之一。选择团队成员的先决条件是该团队成员所具有的能力和技能能够完成工作任务。如果是开发团队,那么代码能力是团队成员专业能力的关键衡量标准。如果是文案、策划、设计团队,那么团队成员的创意能力、内容编写能力及设计技能都很重要。

此外,对个人的学习能力、问题解决能力、适应能力、团队协作能力等方面的考察也是十分重要的。这种能力一般不容易量化,因此需要在面试过程中或者其他能够了解到本人综合能力的评估环节中考察。如果评估时发现这些综合能力不强,那么即使个人专业能力很强,也有可能造成团队的不协调、不顺畅。因此,综合考察团队成员的能力和技能非常必要。

127

个人职业规划和团队目标的一致性

在选择团队成员时,我们需要确保团队成员的职业规划与团队的目标相一致。为了实现团队目标,需要每个团队成员都有自己的想法和主张。他们不仅要能够清楚地理解和认同团队目标,还要在达成团队目标的过程中充分发挥自己的专业能力和与众不同的个性。团队成员之间的沟通和协作是非常重要的,通常需要通过团队例会、日常交流等方式进行。

同时,如果有团队成员没有明确的职业规划或是出于其他原因没有太大的兴趣和发展空间,则很可能对于团队的发展造成瓶颈。团队成员发展与团队发展是相互促进的。因此,我们需要选择有探索精神,有发现自己能力、潜力和兴趣的团队成员。

团队氛围和团队成员的性格特质

选择适合的团队成员也需要考虑团队氛围和团队成员的性格特质。如果团队成员的聚集会形成比较有活力的氛围,更加通情达理,互相帮助,那么在团队任务的执行过程中,团队成员之间的各种问题都能被积极协商、解决,团队中的冲突也能够快速地被消化。这个过程有利于良好人际关系的建立,改善工作的现状,使团队成员在其他的工作中也能尽职尽责,愿意帮助团队接手更多任务。

当然,在团队工作中,有些团队成员的性格特质可能与团队的发展方向不甚一致,这就需要一个相对明确的团队建设方向,通过相应的工作策略和方法,缓解不同性格间的摩擦。团队氛围能够使团队整体积极、快乐,成员之间和谐合作,共同朝一个方向努力,进而达成目标。

团队成员的选择并不是一件简单的事情,这需要我们从多个方面进行综合考虑。通过人才创新、招聘、保留、培养等一系列工作的积极推进,营造良好的团队氛围,提高团队成员的能力,在各个方向上不断优化团队成员的选择,带领团队前进,团队成员们会感受到,在这个团队中积累了经验,形成了新的技能和思维方式,最终得到的团队经历也会更加丰厚和宝贵。

【各抒己见】

下面看看小伙伴们是如何寻找创业合伙人的。

- 学生小萌:我和小艾关系最好,我就找他当我的创业合伙人了。
- 学生小艾:创业合作人随便找几个就行了,反正不行再换人呗!
- 学生小昕:创业合伙人的选择不能搞裙带关系,要根据自己的需要斟

128

酌选择。

● 学生小叶：我想创办一家科技公司，要找一名计算机专业的能手当我的创业合伙人。

点评：

小萌和小艾在创业合伙人的选择上没有经过分析和斟酌，随便"拉郎配"，必定会导致创业的失败。

小昕和小叶目标明确，知道要找什么样的人来补充自己的团队，让团队走得更远、更长久。

心有灵犀一点通——
创业团队成员的选择

第三讲　强将手下无弱兵——创业团队领导者的塑造

　　管理学领域有句名言：一只狼领导的一群羊能打败一只羊领导的一群狼。这句话说明了领导者的重要性。

　　"火车跑得快，全凭车头带"，一名优秀的创业团队领导者是怎样炼成的呢？

【他山之石】

　　深圳市大疆创新科技有限公司（以下简称大疆）是一家专注于无人机研发的公司，其创始人汪滔，是一位传奇人物。他和他的团队白手起家，从零开始，成功打造出了一家无人机独角兽企业。

　　汪滔的创业历程充满着机遇和挑战，他的成功离不开他的创业哲学，大疆的成功更是得益于其卓越的领导力。汪滔认为，创业是一种精神和态度，需要有坚定的信念和不懈的努力。他鼓励年轻创业者要有创新精神，勇于尝试和创造，同时也要有耐心和毅力，不断追求卓越和完美。

　　汪滔的创业哲学还体现在大疆的企业文化中。大疆鼓励员工开展创新实践，提倡开放和分享的工作环境，让员工可以自由地表达和实现自己的想法和梦想。同时，大疆非常注重产品品质和用户体验，不断提高产品性能和功能，让用户获得更好的使用体验和价值。

　　今天的大疆，已经成为世界无人机行业的领军企业，其产品在全球范围内得到广泛应用。汪滔和他的团队的成功，将激励更多的人勇于创新、敢于创业，为中国的创新和创业事业做出更大的贡献。

【学无止境】

1. 成为学习型领导者

　　孔子曰："三人行，必有我师焉。"作为领导者，只有理论上清醒、坚定，政治上才能清醒、坚定，从而保证自身领导力的正确导向。因此，创业团队领导者首先要加强对国家法律、法规和政策的学习，只有这样才能"站得高，看得远"；其次要加强专业知识的学习,根据工作的需要,广泛学习与公司经营和发展业务相关的知识;最后要注重领导艺术和现代管理理念的学习,以科学的理论指导自己的管理实践,努力加强工作的计划性,科学设定阶段目标,营造出宽松、和谐、进取的团队氛围,合理配置人、财、物资源,从而使团队效能得到最佳释放。

2. 提高个人的领导风范

作为一个新时代的领导者,应该具备较高的领导魅力,要在日常生活、工作中做到以下几方面。

(1)用爱感染员工。领导者不要摆领导的架子,要平易近人,和蔼可亲,和下属平等交往。

(2)尊重是最可贵的品质。如果下属了解、理解、信任领导者,就会心甘情愿地支持、追随领导者。

(3)要有创新意识。创新意识是一个卓越领导者必须具备的。领导者必须能敏锐地觉察到发展的方向与气息,能够觉察到稍纵即逝的机会,能够结合社会发展趋势,高瞻远瞩地确定组织与个人的发展方向,为组织与个人指明奋斗的目标。

(4)让工作成为艺术。要成为一个受人尊敬、爱戴的领导者,必须要具有良好的工作艺术。发扬扎实深入的工作风格,以及求真务实、开拓进取的作风。

3. 塑造自身的品格魅力

品格魅力是领导者魅力的重中之重。"其身正,不令而行;其身不正,虽令不从。"可见,古人早已注意到领导者自身形象对组织成员产生的重要影响作用。一个成功的领导者,应该具备以下品格魅力。

(1)意志魅力。意志是指领导在领导活动中体现的果断、忍耐、坚定与顽强等特征。领导者要始终把共同的目标、事业摆在第一位,激发组织成员的积极性、主动性、能动性,让组织成员感受到目标与事业的推动力,将组织成员的个人的利益与组织的事业紧密联系在一起。

(2)信念魅力。对优秀的领导的来说,信念是成功领导必备的心理素质,是领导成就伟大事业的基础。领导只有充满必胜的信念,才会对自己的事业确信无疑,才能迈出坚定的步伐,才能产生克服任何困难的勇气,才能随时迎接来自各方的挑战。

(3)人格魅力。人格的力量是无穷的,领导者一定要尊重组织成员的人格尊严,关心、爱护组织成员,给组织成员创造学习、工作、发展的机会。努力成为组织成员心目中工作上的导师、生活中的益友,一个值得信赖和依靠的人。

让我们通过一段视频，看看什么样的人才算合格的创业团队领头人。

创业团队领头人应具备的素质

点拨：合格的创业团队领头人一定是具有领导能力与领导魅力的人，这样的人才能让团队成员心甘情愿地支持和追随，让"羊群"散发出"狼群"的战斗力，让团队力量最大化。

【好学深思】

刘邦用人有何妙法？

毛泽东称赞刘邦为"封建皇帝里面最厉害的一个"。刘邦出身草根，没有学问，也不是很能打仗，但他天生就具备领袖气质，笼络了一批最杰出的人才为己所用。"汉初三杰"张良、萧何、韩信，分别是谋士、行政、统帅领域的顶尖人才，再加上阴谋家陈平、纵横家郦食其，以及曹参、樊哙、周勃、灌婴、夏侯婴等忠心耿耿又执行力超强的将领，刘邦正是凭借这一令后世艳羡的超豪华阵容，打败"战神"项羽，开创了大汉基业。

作为乱世中的人才，能遇到一个赏识自己的人，给自己提供发挥才干的机会实属不易，这种知遇之恩要用日后的死忠来报答才行。刘邦深谙这一点，作为一个合格的伯乐，刘邦广纳贤才，使身边各类贤能各显神通。从现在的角度看，刘邦的成功其实是历史的必然。在刘邦看来，用人是最重要的成功之道，他的领导艺术主要有以下几个特点。

不拘一格

刘邦有一个最大的优点，就是能够不拘一格地使用人才，因此刘邦的队伍里面有各种各样的人：张良是贵族，陈平是游士，萧何是县吏，樊哙是狗屠，灌婴是布贩，娄敬是车夫，彭越是强盗，周勃是吹鼓手，韩信是待业青年……刘邦把他们组合起来，各就其位，使所有的人才都能够最大限度地发挥作用。这就叫不拘一格。

用人不疑

正所谓"疑人不用，用人不疑"，刘邦一旦决定用某人就决不怀疑，放手使用。最典型的例子就是陈平，陈平从项羽的阵营投靠刘邦以后，得到刘邦的信任，让刘邦的很多部下不满意，因此就有人去到刘邦那里说陈平的坏话，然而刘邦还是坚持对陈平委以重任。当时，刘邦和项羽处于一个胶着的状态，为了让陈平能够成功地实施反间计，刘邦拨款黄金四万斤给陈平，并且不问出入，可以想见刘邦对陈平的信任。

论功行赏

使用人才，首先是要信任他、尊重他，同时应该给予奖励，因为奖励是对一个人才贡献的实实在在的肯定。有贡献就得奖励，奖励要合适。确实是工作做得好，贡献大的，要多奖；做得一般的，一般地奖；做得差的，不奖，甚至罚。领导者要做到赏罚分明。刘邦夺取天下以后，根据各个人的不同功绩，对功臣论功行赏，不仅封赏了萧何、张良、韩信、彭越等一批人，还封赏了他最不喜欢的人——雍齿。

刘邦用人有方，故四方贤士、武将前来投靠，甘愿为刘邦效劳，形成了一个以刘邦为首的中坚集体，从而使刘邦能由小及大，由弱变强，用七年时间一统天下，建立延绵 400 多年之久的大汉王朝，其历史功勋是不言而喻的。

【各抒己见】

下面看看小伙伴们是如何认识领导者这个角色的。

● 学生小萌：如果我是领导者，那么我什么都不会也没关系，有什么事儿让下属去做就行了。

● 学生小艾：管人谁不会啊，还用学，我要是领导者，一定让我的属下俯首称臣。

● 学生小昕：领导者在创业团队中起到了非常重要的作用，必须加强学习，提高自身的业务素质和理论修养，只有这样才能在团队中树立权威，加强团队的执行力。

● 学生小叶：打铁还需自身硬，好的领导者不但要有超于他人的工作能力，还要有道德修养和个人魅力，做到以理服众、以德服人。

点评：

小萌和小艾没有认识到领导者在创业团队中的重要性，很难带领创业团队取得创业的成功。

小昕和小叶认识到了"领头狼"自身素质提高的重要性，知道不仅要提高素质修养和进行专业学习，还要努力提高个人的品格魅力，一定会带领创业团队取得创业的成功。

第四讲 食无定味适口珍——创业团队的类型

创业团队并非一模一样，也不是一成不变的。根据创业团队的地位平等性和成员间依赖性的强弱，创业团队可以分为不同的类型。

创业团队类型有没有优劣之分？如果创业，你更青睐选择哪种创业团队类型呢？

【他山之石】

"猫论"是邓小平同志在 20 世纪 60 年代提出的，该理论源自邓小平的一句话："不管黑猫白猫，能捉老鼠就是好猫。"这句话的意思是：无论是计划经济还是市场经济，都只是一种资源配置手段，与政治制度无关。资本主义可以有计划，社会主义也可以有市场，只要能够发展生产力，就可以在实践中使用。

"条条道路通罗马"，无论何种类型的创业团队，只要能够取得创业成功，这种类型就是值得推荐的类型。

【学无止境】

1. 风铃形创业团队

风铃形创业团队（图 5-1）指存在一个领袖式的主导人物。领袖也是决策者，有较强的话语权。这种类型的创业团队缺乏协商机制，容易导致一言堂，一旦决策错误，对整个项目实施影响巨大。风铃形创业团队的成员有较强的执行力和独立性，一人离开，不会对全局造成太大的影响。

图 5-1 风铃形创业团队

2. 环形创业团队

环形创业团队(图 5-2)是由有着共同奋斗目标且相互依赖的成员组成的。这种类型的创业团队中没有明确的领导者,团队决策往往是团队成员协商的结果,决策速度慢,但做出错误决策的可能性较小。对于初创企业而言,每个成员都要认准自己在创业团队中的定位,并尽到自己作为"协作者"的职责。环形创业团队成员话语权平等,执行力强,倾向于通过协商来解决冲突。不过,一旦冲突升级,有成员离开创业团队,那么将对整个创业团队的结构产生很大的影响。

图 5-2　环形创业团队

3. 星形创业团队

在星形创业团队(图 5-3)中存在一个核心人物,他是决策者,但并不像领袖那样有着绝对的权威,他在做决策的时候会充分考虑团队成员的意见,决策失误的可能性较小。另外,这种类型的创业团队成员地位平等,有相互依赖的工作关系,执行力强。核心人物的工作更多的是协调和统筹,当核心人物和普通成员发生意见冲突的时候,普通成员较为被动,并且当冲突升级的时候,普通成员可能会离队。

图 5-3　星形创业团队

4. 散点形创业团队

散点形创业团队（图 5-4）指创业团队中不存在权威的领导者，团队成员相对独立，话语权平等，经常通过协商解决问题。这种类型的创业团队往往出现在创业目标模糊的创业初期，创业团队的执行力较弱，需要用严格的规则来约束和聚合团队成员，决策速度较慢，做出错误决策的可能性较小；随着理念日渐清晰，散点形创业团队往往会向其他类型演变。

图 5-4　散点形创业团队

创业团队的划分不是绝对的，由于领袖权限和协作程度不同，创业团队在图 5-5 中的坐标可以落在任何位置，所以一个创业团队的类型有可能介于两种类型之间。另外，就像散点形创业团队会向其他类型演变一样，其他三种类型的创业团队也有可能相互演变。在企业发展的特定阶段，创业团队在不同类型之间演变对企业来说是非常有利的。

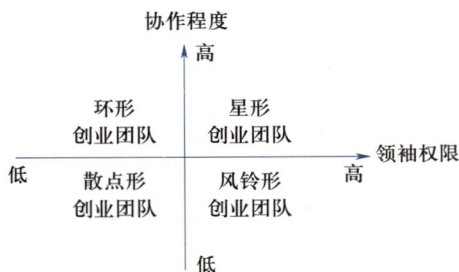

图 5-5　创业团队坐标体系

让我们通过一段视频，分析电视剧《创业时代》中的创业者选择了哪种创业合作方式。

创业合作方式选择

点拨：视频中，女投资人看好郭鑫年的创业项目，决定投资，与郭鑫年团队构成了环形创业团队。

136

【好学深思】

优秀的创业团队需要具备哪些特征?

红花虽好,也得绿叶相扶。无论创业者在某个行业多么优秀,他都不可能具备所有的知识,而必须借助团队的力量。优秀的创业团队一般拥有企业所需要的经验,如顾客经验、产品经验和创业经验等。另外,人际关系在创业中被放在一个很重要的位置,人际关系网络能够或多或少地帮助创业者,是企业成功的因素之一。通过团队,人脉关系可以得到补充与扩展,可提高创业成功的概率。一般而言,优秀的创业团队应该具备以下八大特征。

具有凝聚力

团队是一体的,成败是整体的而非个人的,团队成员应同甘共苦,同时公开、合理地分享经营成果,促使团队形成凝聚力与"一体感"。每位团队成员都应将团队利益置于个人利益之上,而且充分认识到,个人利益是建立在团队利益基础上的,因此团队中没有个人英雄主义,每位团队成员的价值表现为其对于团队整体价值的贡献。团队成员应有通过牺牲短期利益换取长期成功果实的意识,不计较短期薪资、福利、津贴,将利益分享放在成功后。

与企业同成长

团队成员应保持对企业长期经营的信心,对于企业经营成功给予长期的承诺,每位团队成员均了解企业在成功之前将会面临的挑战,并承诺不会因一时利益或困难而退出,同意将股票集中管理。如果有特殊原因而存在提前退出团队者,则其必须以票面价值将股权转让给原公司团队。

企业价值发掘

团队成员全心致力于创造新企业价值,认为只有创造新企业价值才是创业活动的主要目标,并认识到唯有企业不断增值,所有参与者才有可能分享到其中的利益。

股权分配合理

平均主义并非合理,团队成员的股权分配不一定要均等,但需要合理、透明与公平。通常创始人与主要贡献者会拥有比较多的股权,但只要与他们所创造价值、贡献相配套,就是一种合理的股权分配。有一家创业公司的四位成员以平均方式各拥有 25% 的股权,但其中两位几乎对于新企业发展没有贡献,这样的创业团队其实是不健全的,也难以吸引外部投资。

137

利益分配公平有弹性

创业之初的股权分配与以后创业过程中的贡献往往并不一致,因此会发生某些具有显著贡献的团队成员拥有股权数较少,贡献与报酬不一致的不公平现象。因此优秀的创业团队需要有一套公平弹性的利益分配机制,弥补不公平的现象。例如,新企业可以保留 10% 的盈余或股权,用来奖赏以后有显著贡献的团队成员。

能力搭配完美

创业者寻找团队成员,应该基于这样的考虑:主要是弥补当前资源能力上的不足,也就是说考虑创业目标与当前能力的差距。优秀的创业团队,成员间的能力通常都能形成良好的互补,而这种能力互补会有助于强化团队成员间彼此的合作。当然建立创业团队也并非一蹴而就,往往是在新企业发展过程中逐渐孕育形成完美组合的创业团队。在这一过程中,团队成员可能因为理念不合等,在创业过程中不断替换。

具有创业激情

建立优势互补的团队是创业的关键。团队是人力资源的核心,"主内"与"主外"的不同人才、耐心的总管、具有战略眼光的领导、技术与市场方面的人才等都不可偏废。创业团队的组织还要注意个人的性格与看问题的角度,如果一个团队里有总能提出建设性的可行性建议的团队成员和不断地发现问题的批判性的团队成员,则对于创业过程将大有裨益。

互信

猜疑会令企业瓦解。有关数据显示,近年来,中关村每年的企业倒闭率在 25% 左右,其中很重要的一个原因就是创业团队内部不团结。建立和维护创业团队成员之间的信任主要有两个方面的内容,简单地说,一是要增强信任,二是要防止出现不信任,避免信任转变为不信任。信任是一种非常脆弱的心理状态,一旦产生裂痕就很难缝合,要消除不信任及其带来的影响往往要付出巨大的代价。因此,防止不信任比增强信任更加重要。

创业团队的组建是没有任何万能公式的,它类似于把拼板玩具的每块拼凑起来,而能否搭建起来的关键在于是否合适。

【各抒己见】

下面看看小伙伴们是如何认识创业团队的类型的。

● 学生小萌:什么类型不类型的,只要大家都听我的就行了。

● 学生小艾:没错,我也喜欢自己说了算,如果我开公司,我就要组建一个风铃形创业团队。

● 学生小昕:创业团队的类型不是一成不变的,可以根据不同的创业时期选择不同的创业团队类型。

● 学生小叶:创业团队的类型主要根据领袖权限和协作程度不同来划分,并不能一刀切,一个创业团队的类型有可能介于两种类型之间,在创业的不同阶段也可能互相演变。

点评:

小萌和小艾只从自己的喜好出发,不根据实际情况选择创业团队的类型,在创业初期,如果团队由一人说了算,那么一旦出现决策失误,对公司的发展来说是致命的。

小昕和小叶知道根据创业时期、领袖权限和协作程度来灵活选择创业团队的类型,在创业过程中会根据不断变化的形势来调整人员安排和创业策略,实际上就掌握了公司发展的主动权。

第五讲　拾级登梯循阶上——创业团队的组建过程

不同的创业项目所需的创业团队类型也不尽相同,创业者要根据创业团队的发展规律,步步为营、扎扎实实地组建自己的创业团队。

那么,创业团队的组建是怎样的一个过程?

【他山之石】

1999 年,梁建章、沈南鹏、范敏、季琦四人共同创立了携程旅行网(以下简称携程)。梁建章具备丰富的商业洞察力和战略眼光;沈南鹏在金融和投资领域有着深厚的背景和经验;范敏对旅游业非常精通,为携程在旅游业务方面提供了专业的指导;季琦也在团队中发挥了重要作用。在他们的共同努力下,携程从一个仅有 784 名用户的小公司,快速发展成为拥有亿级用户的大型在线旅行服务公司。

在创业过程中,他们面临着各种挑战和困难,但凭借各自的优势和团队的协作精神,不断推动携程的发展。他们准确把握了市场机遇,从 PC 时代到移动互联网时代,不断适应行业变化,进行业务拓展和创新。在国际化的进程中,他们利用在国内市场积累的产品、服务和经验,积极应对不同国家的用户需求和新的市场挑战。

【学无止境】

1. 明确创业目标

创业团队的总目标就是通过完成创业阶段的技术、市场、规划、组织、管理等各项工作,实现企业从无到有、从起步到成熟。

总目标确定之后,为了推动创业团队最终实现创业目标,须将总目标加以分解,设定若干可行的、阶段性的子目标。

2. 制订创业计划

在确定了总目标及子目标之后,紧接着就要研究如何实现这些目标,这就需要制订周密的创业计划。

创业计划是在对创业项目进行具体分解的基础上，以创业团队为整体来考虑的。创业计划确定了在不同的创业阶段需要完成的阶段性任务，通过逐步实现这些阶段性任务最终实现创业目标。

3. 招募团队成员

招募合适的团队成员是创业团队组建最关键的一步。

招募团队成员可以从两个方面考虑。一是团队成员之间能否在能力或技术上形成互补。这种互补的形成既有助于强化团队成员间彼此的合作，又能保证整个创业团队的战斗力，从而更好地发挥创业团队的整体优势。二是团队成员规模要适度。团队成员太少无法体现创业团队优势，过多则可能增加交流、协调管理成本，创业团队还有可能会分裂成一个个较小的团体，进而大大削弱创业团队的凝聚力。一般认为，创业团队的规模应控制在 3 ～ 12 人。

4. 进行职权划分

为了保证团队成员成功执行创业计划、顺利开展各项工作，必须预先在创业团队内部进行职权划分。创业团队的职权划分指根据执行创业计划的需要，确定每个团队成员所要担负的职责及享有的权利。

团队成员的分工必须明确，既要避免职权的重叠和交叉，又要避免工作无人承担而造成疏漏。此外，由于创业环境复杂多变，团队成员的职权也应根据需要不断地进行调整。

5. 构建制度体系

构建制度体系主要包括制定各种约束和激励制度。

（1）通过各种约束制度避免团队成员做出不利于创业团队发展的行为，实现对其行为的有效管理，保证团队秩序稳定。

（2）创业团队要实现高效运作必须有相应的激励制度，使团队成员能看到标的实现，其自身利益将会得到怎样的改变，从而达到充分调动成员积极性，最大限度发挥团队成员作用的目的。

6. 进行团队调整融合

组合完美的创业团队并非在创业初期就能建立起来，很多时候是随着企业的发展逐步形成的。随着创业项目的深入实施，最初组建创业团队时在人员匹配、制度设计、职权划分等方面的不合理之处会逐渐暴露出来，这时就需要对创业团队进行调整融合。由于问题的暴露需要一个过程,所以创业团队的调整融合应是一个动态持续的过程。要针对运行中出现的各种问题,不断地对前面的步骤进行调整直至满足实践需要为止。

在这个过程中,最为重要的是要保证团队成员间经常进行有效的沟通与协调,培养团队精神,提升团队士气。

让我们通过一段视频,看看"新梦想"创业团队是如何完成组建的。

人职匹配

点拨:在完成了明确创业目标、招募团队成员等创业团队组建步骤后,"新梦想"创业团队迎来了下一个关键步骤,那就是进行职权划分。最终确定孟小俊负责签证一对一辅导,王洋主讲"美式思维",而成冬青则最终成为"新梦想"的精神导师。

【好学深思】

创业团队创建需要哪些步骤?

制定战略目标与重点

明确自己事业的方向与工作重点至关重要。这对于选择创业合作者及制定团队章程等,都起着决定性作用。

开展创业者自我评估

创业者自我评估主要指就创业者对自身的各项能力、素质及现有的资源进行测评,明确自己的优势与劣势,为后期寻找相似性或者互补性的团队成员(创业合作者)、补充性的资源提供重要参考依据。

选择创业合作者

选择创业合作者要注重两个核心问题:一是注重互补性能力组合。在挑选团队成员时,要努力保证所找的对象有助于形成互补性能力组合。值得注意的是,不仅要寻找那些目前拥有未来团队所需要技能的人员,还要寻找那些具备技能开发潜质的人员。通常的能力组合包括解决问题的能力与决策能力、人际关系能力等。二是注重人员规模。在创业初期,人数不宜过多,便于股权的分配、内部统一集中管理、达成一致及高效率的发挥,当然,具体应该根据战略目标与重点而定。

确定组织架构、职责与权利

进行初期内部的组织架构设计,简单、高效、便于沟通交流与操作执行即可。同时,明确各自的职责与权利,具体包括组织所赋予的职责与权力范围,以及团队成员的授权范围。过程中应注意:职责的安排无须一成不变。你可以在某一时间进行职责轮换,或者指定几名成员在整个创业过程中共同承担某些职责。这是创业团队高效的具体体现。

制定组织目标与章程

通过制定组织目标(尤其是要突出初期现实可行的目标)与章程,主要目的是统一创业团队的努力方向、价值取向及行为规范,使得创业团队方向达成一致、文化达成一致、行为达成一致,确保创业发展不偏离轨道。创业团队章程的具体内容主要包括使命与目标、团队文化、决策原则、团队行动纲领、职责与分工、绩效考核方法、与利益相关者的沟通及关系处理、团队成功的度量标准。

【各抒己见】

下面看看小伙伴们是如何认识创业团队的组建过程的。

- 学生小萌:我先找人,只要有人,什么事情都能办成。
- 学生小艾:什么职权划分啊,都是熟人,谁想干什么就干什么呗。
- 学生小昕:一个创业团队在成立之初必须要先明确目标,再做后面的事情,否则会麻烦不断。
- 学生小叶:任何事物的发展变化都是有规律的,只有遵循创业团队组建的程序,才能一步一个脚印地建立一支成功的创业团队。

点评:

小萌和小艾在创立创业团队的时候像无头苍蝇一样,想到什么就做什么,完全没有计划和目的,这样只会多走弯路。

小昕和小叶知道要遵循事物发展的规律,一步一个脚印,扎扎实实地做好创业团队的组建工作,必定会一路坦途。

第六讲　众人拾柴火焰高——创业团队的管理技巧

在现代社会,随着企业的发展,团队管理不善逐渐成为阻碍企业成功的一道不可逾越的屏障。聚拢人才、整合人心永远是企业在初创时期的一门必修课。一个企业团队管理的优秀程度,直接关系到企业以后能走多远的路。管理创业团队就像经营友情,如果不讲求方式方法,就容易导致好友分道扬镳,即创业团队的瓦解。

你知道如何有效管理创业团队吗?

【他山之石】

有一个由 7 人组成的小团体要分食一锅粥,为了生存,大家都想吃多一点。为了体现公平,他们想通过制定制度来解决,可又苦于没有称量用具。那么怎么分才最有效呢?

方法 1:指定一个人负责分粥事宜。很快大家就发现,这个人为自己分的粥最多。于是又换了一个人,结果总是主持分粥的人碗里的粥又多又稠。因为权力会导致腐败,绝对的权力导致绝对的腐败。

方法 2:大家轮流主持分粥,每人 1 天。虽然看起来平等了,但是每个人在一周中只有 1 天吃得饱且有剩余,其余 6 天都饥饿难挨。大家都认为这种办法造成了资源浪费。

方法 3:大家选举一个信得过的人主持分粥。开始这个人还能公平分粥,但不久他开始为自己和与他关系密切的人多分。

方法 4:通过选举成立一个分粥委员会和一个监督委员会,形成监督机制。公平基本上做到了,可是监督委员会常常质疑,而分粥委员会又据理力争,等粥分完时,粥早就凉了。

方法 5:每个人轮流值日分粥,但是分粥的那个人要最后一个领粥。令人惊奇的是,在这个制度下,7 只碗里的粥每次都是一样多。每个主持分粥的人都认识到,如果 7 只碗里的粥不同,那么他能享用的那份一定最少。

一件分粥的小事都有这么多的方法和技巧,可见只有找到一个合适的方法,才能满足每个人的利益要求。管理创业团队也是一样的道理,创业者需要掌握技巧和策略,只有这样才能保证团队的团结与和睦,才能保证创业活动的顺利进行。

【学无止境】

1. 先融入,再改造

每个企业都有自己独特的企业文化,团队领导加入一个新创业团队之后,对本企业文化的认同是一个前提条件。改造创业团队是一个渐进的过程,难以一蹴而就,保持创业团队的稳定与发展是团队领导必须考虑的问题。

2. 培育团队精神

培育共同的团队精神,培养领导者自身的影响力,激发队员的参与热情,创造共同的危机和忧患意识,只有这样才能使创业团队坚强地走下去。要培育创业团队精神就要做到以人为本,宽容、协作,鼓励并提倡创新,不断学习。

3. 制定目标与计划

创业团队目标的设置是创业团队管理的关键,创业团队目标错误,则管理结果一定会南辕北辙。制订适度的目标有利于对成员进行激励。团队成员参与了目标和计划的制订,就会兑现承诺并努力去实现它。

4. 培养开放有效的沟通环境

团队领导与团队成员如何打成一片,这一点尤为重要。团队领导要鼓励大家敢于提出反对意见,在创业团队中倡导平等、开放,有了这种氛围,大家都能发表自己的意见或见解,这对组织的创新具有很大的帮助。那么怎样营造平等、开放的沟通环境呢?

(1)沟通渠道要畅通,包括向上的、向下的及水平的沟通渠道,如设置领导接待日、意见箱,开通微信、QQ 群等。

(2)沟通要有效,必须做到职能明确、言有所物。

5. 信任并授权

团队领导对团队成员必须给予充分的信任,并赋予其完成目标与计划的职权与资源。俗话说,"用人不疑,疑人不用"。信任是团队成员合作的基础。有了信任就要授权,并为其配备合适的资源。

6. 进行合理的绩效评估

为了实现创业团队目标,对团队成员进行培养与教育就显得非常重要。不断地对团队成员的绩效进行评估,定时或不定时地帮助团队成员完成阶段性目标也是团队领导的一项重要任务。绩效考核的方法主要有等级评价法、目标考核法、相对比较法、小组评价法等。

7. 制定公平合理的薪酬体系

公平合理的薪酬体系是形成团队凝聚力的重要保证。薪酬体系与考核结果的挂钩是增强团队凝聚力的一个重要保障。企业团队管理和成本控制是项目管理的主要内容,只有强化企业团队管理,才能实现项目经营的目的。

让我们通过一段视频,了解创业团队该如何解决创业后期绩效考核和股权分配问题。

不可或缺的
激励措施

点拨:成冬青没有认识到绩效考核和股权分配的重要性,幸亏有孟小俊提醒和把关,否则"新梦想"的未来必然会蒙上一层阴霾。

【好学深思】

《水浒传》对团队管理有哪些启示?

熟悉《水浒传》这部著作的人都知道,宋江不是梁山上的第一代头领,用现在的观念来看,他也算得上是个"空降兵"了。宋江是个文人,不懂舞枪弄刀,更不善排兵布阵,但他是一个出色的管理者和组织者。宋江一上任迅速扭转局面,使梁山的势力不断壮大,终成一方不可小觑的力量。除去最后梁山的失败(这也是社会历史发展的必然结果),单看将 108 位英雄好汉拧成一条绳,把岌岌可危的梁山做大做强,其中就有很多值得学习的管理智慧。我们来看看《水浒传》带给我们哪些管理方面的借鉴。

建立个人品牌
当宋江接替晁盖成为梁山泊的首领时,大家一致赞成。原因是"及时雨"宋公明的个人品牌太好了,宋江这个人除了乐善好施外,最擅长的就是结交各路英雄好汉。宋江非常受人尊敬，他仗义疏财，扶危济困，挥金如土，结交天下英雄豪杰；有一定的组织管理能力和军事指挥才能，求贤若渴，胸怀宽广。在梁山上，宋江虽然武功不如其他英雄好汉，也没有"智多星"吴用聪明，但是他有的是人际关系的口碑。因此身为领导者，具备被团队认可和推崇的人格魅力才是最重要的。

创造公平竞争机制

宋江初做头领时，为了笼络人心，首先，肯定了"八方共域，异姓一家"的前提条件，将"我们是兄弟，是一家人"的思想传达出去，尽快融入新的团队，营造出一家人的氛围。其次，宋江虽然告诉大家：我们是一家人，但同时又间接否定了按资历就座的旧规矩。他上任之初，即语出惊人："休分功劳高下，一行旧头领去左边主位上坐，新到头领到右边客位上坐。待日后出力多寡，那时定夺。"也就是说，不管以前功劳、资历如何，以前的排名统统不算，以后照功劳重新考核，再评定座次。这就是在告诉大家，在他的领导之下，大家能公平地竞争，以前资历老的员工不要坐享其成还按照老思想去办事；资历浅的也不要担心，只要有能力就会有机会。

善用每个人的才能

人才是事业成功的第一要素，宋江在逃亡的路上，靠着个人魅力结交了一大帮仁人志士，这些拥有特殊专长的人才无不为"梁山金融集团"增添了光辉的一笔。这些人都有自己独特的才能，但是却不能有效地组合，宋江就是他们的黏着剂。真正的团队，既要有会营销的，也要有会策划的，最重要的还要有会安抚人心的。把"团队"这两字拆开了看，就是一个有口才的人带领着一帮有耳朵的人。不过只会说的领导者很容易导致下属的不满，不妨在新的规定出台后，先以身作则，带出模范效应。宋江自己带头响应"结果导向"原则，因此在每次打城头之际（闹华山、取关胜、打曾头市）都是自告奋勇，亲临一线，并且取得了不菲的"业绩"。宋江用实力打破了梁山的评价规则，为自己后来坐上头把交椅奠定了价值基础，让人不得不服。

【各抒己见】

下面看看小伙伴们是如何认识创业团队的管理技巧的。

● 学生小萌：如果我有一个创业团队，那么不管什么技巧不技巧的，都听我的就对了。

● 学生小艾：我缺乏主见，在创业团队中喜欢随大流，有意见也不和领导争执，领导一定喜欢我这样的员工。

● 学生小昕:管理一个创业团队就像管理一个家庭,只有使用得当的手段和技巧,才能让一家人抱成一团,不会走向分家的结局。

● 学生小叶:创业团队管理的技巧有很多,我要认真学习、细细琢磨,将来有了自己的创业团队以后,今天学习的 7 个管理技巧一定能派上大用场。

点评:

小萌是典型的家长制管理,会让员工敢怒不敢言,他会失去听到正确意见的机会;小艾错误地认为不和领导争执就是好员工,在充满竞争的现代企业里,可能被裁掉了还不知道原因。

小昕和小叶能抱着学习的态度,知道用策略、技巧去管理创业团队,必然会降低创业团队的"分手率"。

》 **百炼成钢**

实训 1:"盲人"排队

● 实训场地:教室。
● 游戏人数:6 人。
● 游戏准备:眼罩、扑克牌。
● 游戏规则:6 名同学背靠背围成一个圈,然后都戴上眼罩。老师将 A~6 号扑克牌送到同学们的面前,每名同学抽取一张,只能自己看扑克牌上的数字,不能让别人看到。按照扑克牌上的数字由小到大排成一排。
● 游戏小结:通过游戏可以看出,在行动的过程中,团队的领导者自然而然地就出现了,其他同学只有合作才能够完成任务。通过这个游戏可以激发团队成员的合作意识与参与意识,训练领导能力,掌握团队活动中的工作分配与责任承担技巧。

实训 2:排排坐

● 实训场地:教室。
● 游戏人数:6 人。
● 游戏准备:无。

- 游戏规则:6人排成一列,前面一人坐到后面一人的膝盖上,最后在没有座位的情况下,6个人围坐一个圈。
- 游戏小结:通过这个游戏,同学们可以认识到团队合作的重要性,培养团队成员之间的高度信任,提高团队成员的人际沟通能力,引导团队成员换位思考,让团队成员认识到责任与信任是相互的。

≫ 见贤思齐

孙冉:让梦想照进现实

孙冉是东营职业学院电子信息与传媒学院的毕业生,现在是广饶快鱼信息科技有限公司(以下简称快鱼公司)法人代表,现在快鱼公司年营业额已达1000万余元。他的创业故事要从他的高中时代讲起。在高中到大学时期,孙冉参加过一系列和创新创业相关的活动:高中时在第29届、第30届山东省青少年科技创新大赛中均荣获一等奖;在2014年山东省机器人大赛中荣获一等奖;在第七届全国中小学劳动技术创新作品邀请赛中荣获金奖。

孙冉的床头永远放着两样东西:A4纸和铅笔。晚上熄灯之后,他躺在床上,脑子里依旧是正在做的发明。在深夜,灵感常常突然来袭。他就打着手电筒,在被窝里画草图,直到修改完毕才能安心睡去。就这样,他一点点画出梦想的轮廓。

"年轻时就应该闯出去,看看外面的世界",创业路上不总是一帆风顺的。孙冉团队去青岛参加比赛时,几乎每天都要加班加点,熬夜到凌晨。那时候,吃喝住都在实验室里,常常把窗帘铺在地上睡,有时候甚至倚着凳子就睡着了。本来是奔着一等奖去的,但是他们的设备在现场出了点问题,没有充分地发挥出水平,只得了一个三等奖。晚上团队的小伙伴坐在马路边抱头痛哭,创业有太多的辛酸。

2014年3月,孙冉团队开始研发3D打印机,2015年2月,历经十多个月的研发,自主品牌"金丝燕"3D打印机开始量产,在青橘众筹网站众筹7万余元。10月受邀参加山东影视《开创梦想》节目,并且拿到了50万元的投资。

2015年11月,孙冉创立青蛙创客教育品牌,并且开展创客教育课程;2017年暑假举办的"黄河口湿地少年创客行"夏令营一共五期,报名人数近千人,家长和学员反馈评价极高。

2017年6月,青蛙创客荣获东营职业学院创新创业大赛一等奖;2017年7月荣获第三届山东省"互联网+"大学生创新创业大赛铜奖。

孙冉特别喜欢有挑战的事情。2014年2月，雾霾越来越严重，他萌生了制作自主品牌空气净化器的想法，力求尽自己的微薄之力改善人们的生活状况。当时，孙冉连续20多天一直待在实验室里研究空气净化器。针对市场上的空气净化器，研究它们的内部构造，分析异同点，与自己的实验对比，得出更好的想法。他们的材料和质量都做到了最优。为了测试空气净化器的质量与效率，他同时点燃数根香烟，在烟云缭绕下进行实验，有时咳得肺疼，也坚持着实验，分析数据。3月，孙冉成功研发自主品牌"康艾尔"空气净化器，得到多数创客者的喜爱。

2016年12月，孙冉注册了快鱼公司。他把公司看成一个生命："既然把他带到这个世界上来，就一定要经营好他。"

他觉得"人生的最后"存在着两种可能：一种是多年以后，当你回忆起这段时光的时候，你仍然激情澎湃，对自己的成功予以肯定；而另外一种就是后悔自己当年犹豫不决，错失了许多机会，很多事情没有去做。

创业可谓是一条艰难且漫长的道路。对于一个创业者而言，失败可能意味着你即将成功，而成功意味着你将面临更大的挑战。失败一次并不意味着永远失败，要勇敢地爬起来继续前行。创业的路程是艰辛的，也是快乐的。回顾过去，孙冉深深地体会到：无论身处何境，大家都应该保持乐观、大度的心态，勇敢地面对所有的人和事。

艰苦岁月铸就坚忍和毅力。只有吃过苦才知道什么叫作苦，甜只有尝过才能明白那是一种怎样的幸福。经历了这么多风雨和磨炼，孙冉虽然不知道如今的自己算不算成功，但他知道，一定要继续前行，为了他的青春梦，为了他的未来。在残酷激烈的社会竞争下，他不求超越所有，只求多走一步，认真地走好那永不后悔的一步。

模块六
确立商业模式

》 行成于思

　　思路决定出路，布局决定格局，商业模式决定企业成败。彼得·德鲁克说，当今企业之间的竞争，不是产品之间的竞争，而是商业模式之间的竞争。好的商业模式可以在赢得顾客、吸引投资者和创造利润等方面形成良性循环，使企业经营达到事半功倍的效果，商业模式已经成为当前理论界与实践界最为流行的词汇之一。在数字经济时代，设计一个富有特色又切实可行的商业模式被许多企业视为竞争制胜的法宝。然而，不少企业往往只看到京东、腾讯等成功商业模式的表象，很少认真思考"这些企业为何会设计这种商业模式""这些企业是如何保证商业模式成功的"等更深层次的问题。

　　大家知道，过去几年中国出现了很多成长速度超快、市值规模非常大的公司。这些公司都是在六七年之内从创业公司发展为市值数百亿甚至数千亿规模的公司。一个好的商业模式，是能帮企业解决问题的。但是，不同的商业模式，解决的问题不同。

　　通过本模块的学习，你将能够：了解商业模式的定义、本质与特征；理解商业模式能帮企业解决的问题，以及常见商业模式的区别；掌握商业模式的设计，以及商业模式画布的绘制。

第一讲　商业模式定乾坤——商业模式认知

　　昔日手机巨头诺基亚的衰落与它自身的商业模式有着密不可分的关联。不可否认,诺基亚曾拥有巨大的市场优势。但在"互联网+"时代,当华为依靠"软件+硬件"卖出一个"华为时代"的时候,诺基亚却依旧坚守自己的价值主张——靠卖硬件来盈利。华为不是通常意义上的单纯依靠某几款产品盈利,而是通过"酷终端+用户体验+内容"很好地建立了客户体验、商业模式和技术三者之间的平衡,并实现持久盈利,华为的商业模式独特到别人几乎不能复制。

　　如果企业有一个好的商业模式,它的经营就成功了一半。你知道商业模式能帮企业解决什么问题吗? 如何判断一个企业商业模式的好坏?

【他山之石】

　　携程是目前中国最大的机票预订服务网络,覆盖中国的 100 多个大中城市,推出了以"机票加酒店"为主的度假游业务,为中国旅游行业的发展开辟了新思路。携程所提供的信息中介服务,一方面使全国的旅行者能及时找到所需要的酒店并获得最低的客房价格;另一方面又能使遍布全国各地的宾馆、酒店提高入住率,获得应有的消费者,其由此获得了巨大的经济效益。

　　我们可以看到,携程的商业模式是提供旅游、机票和酒店的一站式服务,其业务是最传统的旅游服务业,靠收代理费作为经济增长点。许多商业实践证明,那些愿意花时间和精力创新商业模式的企业,最终都将获得巨大的回报。

【学无止境】

1. 商业模式的定义

商业模式是指企业为了实现利润目标,通过整合资源、进行战略规划、充分开发创业机会而建立的一种内在逻辑。

2. 商业模式的本质

商业模式的本质是企业创造价值的核心逻辑。要建立一个好的商业模式,我们必须回答以下三个基本问题。

(1)顾客在哪里？

(2)企业能为顾客提供怎样的服务？

(3)如何以合理的价格为顾客提供这些服务并从中获得企业的合理利润？

这就是商业模式的三个核心要素。任何一个商业模式都是由客户价值、企业资源和能力、盈利方式构成的三维立体模式。

3. 商业模式的特征

(1)具有创新性。商业模式的创新形式贯穿于企业资源开发、研发模式、制造方式、营销体系、市场流通等各个环节。也就是说，在企业经营的每个环节上的创新都可能变成一种成功的商业模式。

(2)具有盈利性。企业要在充分的市场竞争中，凭借其独到的商业模式，成功进入阳光下的利润区，并在利润区停留较长时间，创造出持续的、高于行业平均水平的利润。

(3)具有风险控制能力。好的商业模式能经得起风险的考验。设计得再精巧、修筑得再伟岸的大厦都有一个必要前提，那就是具有稳定性，否则，大厦将倾，其他的都无从谈起。

(4)具有持续发展能力。好的商业模式不是靠抓住偶然的机会，"一不小心"的成功是不存在的。把一朝成功的偶然当成必然，将错误进行到底，是经不起时间考验的。即使是"一招鲜、吃遍天"，也要找到得到这种机会的核心逻辑，从而完善商业模式。

(5)具有行业领先优势。在市场上处于领先地位并拥有主导性的份额是能够持续盈利的先决条件，而商业模式的建立和维护对于确立企业的市场领导地位和竞争实力是极为重要的。

让我们通过一段视频，了解不同短视频平台的商业模式是如何变现的。

短视频平台可变现的商业模式

点拨：不同短视频平台的商业模式给我们带来了诸多启示。其经验告诉我们，在运营产品或运营平台时，应充分激发用户创造力、精准推送内容、注重流量变现，并探索多种盈利模式。同时，还要关注用户体验，方可实现持续发展与长期盈利。

【好学深思】

党的二十大报告为何让这些企业家心潮澎湃？

腾讯党委书记、集团高级副总裁奚丹

党的二十大报告中明确提出，要坚持把发展经济的着力点放在实体经济上，推进新型工业化，加快建设制造强国、质量强国、航天强国、交通强国、网络强国、数字中国。

在党中央的坚强领导下，我国产业数字化与数字产业化持续提速、新型工业化不断加快发展。腾讯将与数字经济行业生态建设者们一起，推动数字技术应用进一步标准化、工具化、普惠化，发挥连接能力，与合作伙伴共建开放、健康、安全的数字生态，为多元主体参与数字技术共创提供支撑，共同助力网络强国与数字中国建设。

未来，腾讯也将在推动互联网与实体经济深度融合中不断发掘新动能，进一步探索扩展现实、数字孪生、人工智能等新一代信息技术，助力实体、以数强实、以数兴实，推动数字生态由移动互联走向全真互联。

海尔集团董事局主席、首席执行官周云杰

习近平总书记所做的党的二十大报告高瞻远瞩、鼓舞人心、催人奋进。对海尔来讲，我们坚决贯彻报告精神，坚定落实"三个坚持"。

第一，坚持党的全面领导，我们把支部建在小微上，发挥好党员在人单合一下的新型组织单元中的作用，擦亮海尔蓝中党旗红这个党建品牌。

第二，坚持中国特色社会主义道路，坚定融入国家发展的大格局，讲好中国故事，输出中国模式，真正实现全球引领。

第三，坚持以人民为中心，其中包含三个层面：一是企业发展为物联网时代的引领企业，让大家走上共同富裕的道路；二是利用海尔卡奥斯平台赋能更多中小企业，让他们实现高质量发展；三是利用海尔海创汇平台，给所有的个体创业者和中小企业搭建加速创业成功的平台，实现共同富裕。

TCL 创始人、董事长李东生

习近平总书记在党的二十大报告中指出，"全面贯彻新发展理念，着力推动高质量发展，主动构建新发展格局"，并强调"坚持把发展经济的着力点放在实体经济上，推进新型工业化，加快建设制造强国"。这为中国高科技制造业未来发展进一步指明了方向，提供了广阔的发展机遇和成长空间。

首先，企业要践行"国内国际双循环相互促进"的发展理念，不断提升和完善内

循环产业链,并加强全球化经营能力。以 TCL 为例,我们在不断提升国内经营水平、夯实国内市场的同时,加快完善全球产业布局,从输出产品到输出工业能力,推动供应链的全球化和海外的本土化经营,实现经营规模增长。这种经营方式不仅向海外输出中国的优势产业和工业能力,还能为海外当地经济发展作出贡献,是企业身体力行践行构建"人类命运共同体"的体现。

其次,制造业是实体经济基础,是立国之本、强国之基。企业作为国家创新的关键主体,要持续坚定地在高科技制造业投入,并勇于向产业链上游攀升。过去 10 多年,TCL 在半导体显示产业累计投入 2 600 多亿元,推动了国产面板在半导体显示领域的追赶超越,成为全球半导体显示产业的领导者之一。未来,TCL 还将持续深耕半导体显示、新能源光伏和半导体材料等高科技、长周期、重资产的产业,做好中国制造的基石企业,努力发展成为全球领先的智能科技产业集团,为中国制造高质量发展做出应有的贡献。

【各抒己见】

下面看看小伙伴们是如何认识商业模式的。

● 学生小萌:我觉得商业模式是企业家或创业者的创意。

● 学生小艾:我认为商业模式是一种新技术或基于新技术的新市场开发模式。

● 学生小昕:商业模式本质上就是说清你做的是什么买卖,你凭什么赚钱,赚谁的钱。

● 学生小叶:商业模式就是企业通过什么途径或方式盈利,只要有盈利的地方,就有商业模式存在。

点评:

小萌和小艾对商业模式仅仅存在表象的认识,没有真正深入了解商业模式的本质和内涵,他们会失去很多进一步发展的机会。

小昕和小叶则通过浅显的比喻,很好地阐述了商业模式的基本特征,即让客户价值最大化并实现企业的持续盈利。

第二讲　网络连接你我他——多边平台式商业模式

打个比方,在一个农贸市场中,经营者要同时招揽多个买方和卖方。如果只有卖方来加盟,却没有买家来买,则卖家会转移到别的地方;如果只有买方,没有卖方,则买家无货可买,买方也会散去。因此只有同时把多个买家和卖家同时集中到平台上面,平台才能不断成长。

传统的农贸市场就是最原始的多边平台式商业模式,那么如何设计一个先进的多边平台式商业模式呢?

【他山之石】

美团的商业模式展现了其独特的战略思维,它巧妙地借助互联网技术,对本地服务行业进行了深刻的改造。它的战略核心在于构建连接、完善生态、提升效率,以优化商家的运作效率和服务质量,全方位满足用户的生活需求。

美团在"吃喝、住、行、购物、娱乐"等生活领域都拥有广泛布局,其中餐饮业务是其核心和基石。餐饮作为日常消费频次高、需求稳定的领域,为美团带来了庞大的用户流量和稳定的现金流。在此基础上,美团通过平台的高频消费特性,实现了流量的聚合与交叉销售,成功拓展了其他消费场景,形成了独特的"Food+Platform"(外卖 + 平台)战略。

目前,美团的业务已经覆盖了超过 200 个生活服务品类,这些业务都具备范围经济属性。通过资源的共享和整合,美团能够实现成本的降低和收益的增加,形成强大的网络效应和规模效应。这种优势使得美团在竞争激烈的市场中能够保持领先地位,并持续拓展新的业务领域。在选择新业务的拓展上,美团的思路非常清晰。它注重市场规模和集中度的提升,进入新行业后,通过平台、资本、技术等手段迅速改变行业格局,提升市场占有率。这种策略不仅让美团在大行业中发展出网络效应和规模效应,还为其未来的业务边界拓展提供了更多可能性。作为多边平台的代表,美团与众多互联网巨头一同推动了商业生态的繁荣,其商业模式和战略思维不仅为自身带来了巨大的商业价值,还为整个互联网行业提供了宝贵的经验和启示。

【学无止境】

1. 多边平台式商业模式的定义

多边平台式商业模式是指将两个或两个以上独立而又相互依存的客户群体连接在一起,通过促进他们之间的互动进行创造价值。一个多边平台的价值能否提升在于它所吸引的用户数量是否增加,这种现象被称为网络效应。

2. 认知多边平台式商业模式

多边平台式商业模式的设计,需要我们回答如下几个关键问题。

(1)平台参与方是否多多益善?

(2)管理规则如何不让"劣币驱逐良币"?

(3)平台的功能设计如何做加减法?

(4)向谁提供免费服务或补贴? 从哪里获得收入?

从多边平台式商业模式我们能够看出,这种商业模式主要包括重要伙伴、关键活动、核心资源、价值主张、客户关系、渠道通路、客户细分、成本结构和收入来源,我们会在本模块第六讲的商业模式九宫格中详细介绍。

对于在单边已经形成优势的企业来说,要成功扩展到多边平台,关键在于找到能撬起单边模式的最有力的杠杆——找出新的一边(或多边),这样就可以和已有的一边共同创造强大的间接网络效应。要做到这点,我们可分两步走:第一步是找出已有业务给顾客提供的基本服务功能;第二步是找出和已有客户群经常进行交易的其他客户群,看已有业务对这些交易而言,是否能增加收益或减少成本。

多边平台式商业模式的精髓在于打造一个完善的、成长潜力巨大的生态圈,它拥有独树一帜的精密规范和机制系统,能有效激励多方群体之间互动,达成平台企业的愿景。平台生态圈里的一方群体,一旦因需求增加而壮大,另一方群体的需求也会随之增长。如此一来,一个良性循环机制便建立了,通过此平台交流的各方也会促进对方无限增长,从而达到战略目的。

让我们通过一段视频,了解百果园是如何通过商业模式实现盈利的。

百果园的盈利模式

点拨:百果园通过构建一个以"赋能、合作、共赢"为核心的"超级平台+合伙人"模式,不仅解决了行业内的普遍痛点,更通过资源整合与平台运作,实现了整个产业链的升级与优化,进行保持优势地位和盈利能力。

【好学深思】

京东的商业模式为何如此成功?

经过多年的迭代,京东集团已经从自营模式转向以自营为主以平台为辅的商业模式,并且平台业务占比逐步增大。京东集团商业模式围绕为网络大众消费者及第三方平台商家提供多、快、好、省的价值主张,构建了四个方面的核心优势。

最大的自建物流和仓储系统

京东集团的物流集成设施是全中国电商领域中规模最大的,具有中小件、大件、冷藏冷冻仓配一体化服务电商物流仓储系统,在全球也处于领先地位。

截至 2023 年年底,京东集团在全国建有 8 大物流中心,占地总面积达到 1 000 万平方米,大型仓库的数量是 486 个,物流配送队伍已经拥有 9 万多人,为客户提供了专业化服务,目前主要业务有精准达、极速达、211 限时达及次日达等,保障用户享受到方便快捷的物流配送服务。

自主研发的信息系统

信息系统是京东集团的软实力,它保证了京东集团的运营效率,也是京东集团的核心优势之一,自成立以来京东集团的信息系统主要发挥了管理人员、管钱、管货等功能。

渠道商业化,重视合作方

京东集团打通供应商渠道使进货成本更低,保证了价格方面的优势,京东集团早期并不能直接跟厂商、供应商进行直接的资金往来,而是通过中间的经营商,主要原因是供应商不愿意直接向京东集团提供赊销而承担坏账的风险,更愿意将风险转移给经销商。

打造完美的用户体验

京东集团的渠道商业化战略达到了良好效果,赢得了更多的产品渠道,同时获得了许多优质的供货商伙伴,目前京东集团和各种产品的各类目品牌厂商都有长时间的合作,销售的电商产品质量有保证,并且产品价格比线下实体要低,既有价格优势又有品牌优势,为京东集团带来了良好的客户基础,打造完美的用户体验。京东集团自成立以来持续不断地完善用户体验,主要包括三个方面。

第一,坚持卖正品行货、不卖假货的底线。京东集团早期在品类选择上很严格,在京东集团成立的前七年,京东集团只做了五个品类,主要原因就是选择容易保证产品质量的品类,防止品类过多导致假货泛滥从而影响用户体验。

第二,实行低价销售。京东集团的销售毛利率很低,因为其一直保持低价策略,京东集团一直努力节约成本、提高效率,将利润让利给消费者和供应商。

第三,打造无缝的完整服务链条。从用户下单到最后交易真正完成,包括退换货完成,京东集团大概有 34 个大的节点,100 多个具体流程动作,只有所有流程不出问题才能满足用户体验。京东集团为保证配送人员的服务质量,为配送员提供有竞争力的收入和成长空间,同时实行一套严格的管理制度。产品、价格、服务是三个决定用户体验的因素。京东集团依靠自身物流系统、信息系统、财务系统做成了现在全国前三的电商平台规模。

【各抒己见】

下面看看小伙伴们是如何理解多边平台式商业模式的。

● 学生小萌:现代互联网企业都要用多边平台式商业模式,以后只要照搬美团的商业模式就都没问题。

● 学生小艾:多边平台式商业模式只适合美团,别的企业不能用。

● 学生小昕:电商平台上的买家多,卖家就能获得更大价值。

● 学生小叶:多边平台需要不断吸引更多用户的参与,以使平台价值得到提升,从而吸引更多参与者加入,提升平台价值。

点评:

小萌和小艾看到的只是多边平台式商业模式的表层含义,他们未能真正领会多边平台式商业模式的深层运作内涵。

小昕和小叶能够清楚地认识多边平台式商业模式在现代企业竞争中的运作形态,会让他们在碰到课堂上没有讲过的问题时,敢于学习新知识、运用新思路,在未来商业运营中,探索出一个新模式。

第三讲　小众产品有春天——长尾式商业模式

一家大型书店通常可以摆放 10 万本书。但你知道吗？大部分网上书店的图书销售额中，有 1/4 来自排名 10 万以后的书籍。这些"冷门"书籍的销售比例正在迅速提升，预估未来可占整个图书市场的一半。这意味着消费者在面对无限的选择时，真正想要的东西和获取渠道都出现了重大变化，一套崭新的商业模式——长尾式商业模式随之崛起。

你见过长尾式商业模式的"庐山真面目"吗？

【他山之石】

长尾理论指出，一个单一的传播渠道无法触及所有人。在如今的新媒体时代，为了实现出版物的广泛传播，提供多样化的传播渠道至关重要。特别是在构建出版个性化服务模式时，以时光流影平台为例，其设计主要聚焦两大核心服务。

首先，针对出版社已出版但面临困境的产品，如小众但有价值、销售慢或订单量少及已售罄但仍受欢迎的图书，时光流影提供个性化服务。这要求出版社对电子资源进行整合和统一处理，因为多年来出版资源分散存储于各种介质和格式中。通过统一的 PDF 格式化处理，这些资源得以重新焕发活力，满足特定用户的需求。

其次，时光流影平台构建了一个用户自主拥有知识产权的内容库。这个平台被称为"时光银行"，意味着用户上传的有价值内容就像存款一样，可以在平台上流通并增值。这种"文化淘宝"模式鼓励用户分享原创且有价值的内容，这些内容须对其他用户有所助益。用户可以通过平台上的"时光币"来获取这些内容，从而实现内容的流通和价值的增值。同时，时光流影平台通过精准推送，确保有价值的内容能够及时送达需要它的用户手中。

在时光流影平台上，无论是出版社的库存产品还是用户的原创内容，都得到了有效的利用和增值。这种基于新媒体环境的出版个性化服务模式，不仅满足了用户的多样化需求，还为出版社和用户创造了更多价值。

1. 长尾式商业模式的定义

所谓长尾式商业模式指当商品储存流通展示的场地和渠道足够宽广,商品生产成本急剧下降以至于个人都可以进行生产且商品的销售成本也急剧降低时,几乎任何以前看似需求极低的产品,只要有人卖,都会有人买。这些需求和销量不高的产品所占据的共同市场份额,可以和主流产品的市场份额相比,甚至更大。商业和文化的未来不在于传统需求曲线上那个代表"畅销商品"的头部,而是那条代表"冷门商品"经常为人遗忘的长尾。

从图 6-1 中可以看到,最受欢迎的一部分产品,也就是左侧的"头部",数量不多,但是销量很大。长尾指的就是右侧的"尾部",即产品需求和销量都很小的那一部分。需要注意的是虽然长尾部分的每个产品销量不多,但长尾可以延长到接近无穷,总的销量和利润甚至可以与头部相媲美。这种效应只有在互联网上才能实现。

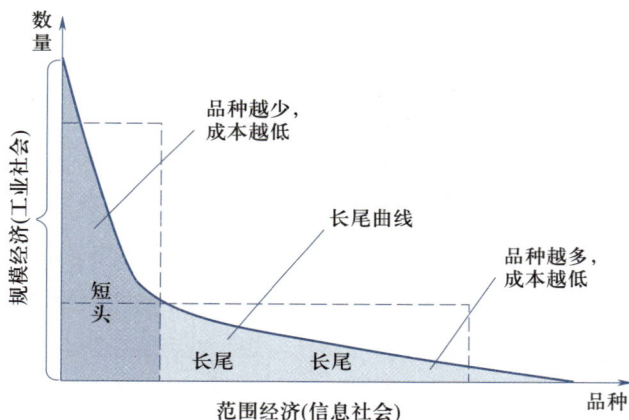

图 6-1　长尾式商业模式

2. 长尾理论与二八定律

长尾理论往往被认为是对传统的二八定律的彻底终结。以往人们一直用二八定律来计算投入和产出的效率,它贯穿了整个生活和商业社会。1897 年,意大利经济学家维尔弗雷多·帕累托归纳出一个统计结论,即 20% 的人口享有80% 的财富。当然,这并不是一个准确的比例数字,但表现了一种不平衡关系,即少数主流的人(或事物)可以造成主要的、重大的影响。以至于在市场营销中,为了提高效率,厂商们习惯于把精力放在那些有 80% 客户购买的 20% 的主流商品上,着力维护购买其 20% 商品的 80% 的主流客户,被忽略不计的 80% 的产品就是长尾。在互联网时代,这种思维被彻底颠覆了。如果我们还被二八定律所限,就会丧失很多市场机会。

让我们通过一段视频,了解长尾式商业模式是如何一步步实现盈利的。

长尾式商业模式的盈利之道

点拨:在长尾式商业模式中,尽管长尾部分的单品销量较为稀少,但长尾能够延伸至近乎无尽的程度,其总体销量和利润甚至能与头部产品不相上下。

【好学深思】

我国本土企业有哪些典型的成功商业模式?

携程

从产业价值链定位来看,携程抓住了互联网与传统旅行业相结合的机遇,力求扮演航空公司和酒店的"渠道商"角色,以发放会员卡吸纳目标商务客户、依赖庞大的电话呼叫中心做预订服务等方式将机票、酒店预订、度假预订、商旅管理、特约商户及旅游资讯在内的全方位旅行服务作为核心业务。

(1)盈利模式。通过与全国各地众多酒店、各大航空公司合作以规模采购大量降低成本,同时通过消费者在网上订客房、机票积累客流,客流越多携程的议价能力越强其成本就越低,客流就会更多,最终形成良性增长的盈利模式。

(2)创新性。立足于传统旅行服务公司的盈利模式,主要通过"互联网+呼叫中心"完成一个中介的任务,用 IT 和互联网技术将盈利水平无限放大,成为"鼠标+水泥"模式的典范。

华为

从产业价值链定位来看,华为以客户需求为驱动,定位为通信设备领域的系统集成服务商与量产型公司,为客户提供有竞争力的端到端通信解决方案,并围绕通信设备领域的整个产品生命周期形成完整的产品线。

(1)盈利模式。主要依靠整个通信产品的整个产品生命周期盈利。

(2)创新性。凭借通信设备领域整个产品生命周期上完整的产品线的营收,以牺牲暂时的亏损为代价将投入市场的新产品按两三年后量产的模型定价,利用企业规模效益、低耗与高效的供应链管理、非核心环节外包、流程优化等方法挖掘出的成本优势挤垮或有效遏制国内竞争对手,并利用研发低成本优势快速抢夺国际市场份额,打压在成本上处于劣势的西方竞争对手,形成著名的"华为优势"。

比亚迪

从产业价值链定位来看,比亚迪依托某一产业领域的技术优势,在相关产业转型或兴起的背景下,将其产业优势向这一领域进行逆向的产业转移,形成跨领域的、稳步攀升的产业扩张。

(1)盈利模式。在产业转移与扩张的过程中,通过改变产业景框、设定新的游戏规则、合并细分市场、整合顾客需求进行价值创新,以蓝海战略实现营收。

(2)创新性。基于电池领域的绝对竞争优势与产业优势,在已有商业领域取得成功后,以较强的复制能力、稳定性、技术创新能力等,集中利用内部资源、整合各业务群中的优势元素塑造向新兴领域或转型产业进行产业布局的转移与调整,繁衍一个又一个新业务,实现塑造蓝海、产业扩张与价值创造的统一。

通过对上述商业模式进行梳理不难发现:我国本土成功的商业模式"非常一样"而又"非常不一样"。"非常一样"的是创新性地将内部资源、外部环境、盈利模式与经营机制等有机结合,不断提升自身的盈利性、协调性、价值、风险控制能力、持续发展能力与行业地位等。"非常不一样"的是在一定条件、一定环境下的成功不能简单地拷贝或复制,而且只有通过不断修正才能保持企业持久的生命力。可见,借鉴基础上的创新永远是商业模式中商业智慧的核心价值。

【各抒己见】

下面看看小伙伴们是如何认识长尾式商业模式的。

- 学生小萌:现在长尾式商业模式适合所有的互联网平台企业。
- 学生小艾:长尾式商业模式只能运用于网上书店类型的企业。
- 学生小昕:最理想的长尾式商业模式是,成本是定值,而销量可以无限增长。
- 学生小叶:长尾式商业模式能将众多小市场汇聚成可与主流大市场相匹敌的市场能量。

点评:

小萌和小艾看到的只是长尾式商业模式的表面现象,他们未能真正领会长尾式商业模式的市场运作的真实内涵。

小昕和小叶能够清楚地认识以长尾式商业模式为代表的现代企业竞争中的运作形态,即长尾式商业模式是基于强大的平台和低成本的物流及供应链,向注重个性化消费的市场提供种类繁多而数量很少的产品和服务而形成的一种新型商业模式。

小众产品有春天——
长尾式商业模式

第四讲　醉翁之意不在酒——免费式商业模式

360 杀毒软件作为国内知名的免费杀毒软件,其历史可以追溯到 2005 年。在过去的 20 年间,它已经成为中国最受欢迎的免费杀毒软件之一。

但是,总有一个问题困扰着人们:360 杀毒软件是如何实现盈利的呢?

【他山之石】

如今,网络已经成为信息时代的重要组成部分,是人类打破信息交流的时间与空间障碍的有力工具。但是,网络安全威胁伴随着网络高速发展的同时,也给人们使用网络带来极大的不便。能在网络的海洋中安全地冲浪,对所有网民来说都是极其重要且必要的。

随着经济的发展,互联网安全作为互联网基础服务的趋势越来越明显,但是用户如果想要确保信息安全和个人隐私不被泄露,安全使用互联网,必须付费购买网络安全企业开发并运营的安全产品和服务。然而自从 2006 年以来,360 公司首倡互联网免费安全,开创增值服务等新型盈利模式之后,免费使用网络安全产品逐渐成为用户的习惯。

【学无止境】

1. 免费式商业模式的定义

免费式商业模式是指商家利用大众期待"天上掉馅饼"的心理,借助免费手段销售产品或服务,建立庞大的消费群体,塑造品牌形象,然后通过配套的增值服务、广告费等方式取得收益的一种商业模式。这种商业模式本身的成本很低,而"免费"的金字招牌对顾客有着无穷的吸引力,能在短时间内使企业迅速占领市场,扩大知名度。

2. 免费式商业模式的类型

(1)"免费＋广告"模式。"免费＋广告"模式指的是免费向消费者提供产品或服务,有一定的用户基础后,通过广告商投放广告来盈利。视频网站就是一个典型案例,我们通过视频网站免费观看各类节目,但在观看正片前必须先收看广告。

(2)"免费+增值服务收费"模式。"免费+增值服务收费"模式的具体操作方式是:根据客户需求,为客户提供超出常规范围的服务,如会员收费制等。仍以视频网站为例,普通用户只能收看免费视频,播放视频前必须收看广告,而付费会员则可以享受免广告、包月免费看、免费观影券等其他增值服务。免费模式的精髓在于能够在"免费"的背后寻找到清晰可行的盈利模式,也就是要找到买单者,这个买单者或者是消费者,或者是广告商,也可能是众筹者。

(3)"免费+隐性收费"模式。"免费+隐性收费"模式指通过消费者不能觉察的方式收费,让消费者以为自己免费获得了某产品或服务,实际上费用已包括在其他产品或服务中了。这一商业模式在很大程度上刺激了消费者非理性的消费情绪。例如,在优酷、土豆看视频时,前面有无法跳过的广告,广告投放已经由原来的简单的一个页面变得越来越丰富,如在游戏中加入跳转链接,微信朋友圈的小游戏分享,知乎、豆瓣中的软文等,还有我们在生活中接触到的品牌曝光,基本都可以被定义为一次广告主有预谋的定向投放。

(4)"免费+诱钓"模式。"免费+诱钓"模式是通过廉价、有吸引力甚至是免费的初始产品或服务,促进相关产品或服务未来的购买的商业模式。作为中国最大的安全软件公司之一,360公司推出了自己的搜索引擎——360搜索。当人们使用360搜索时,它会显示广告和推广内容。360公司以此获得了不少收入。

3. 免费式商业模式必备的三个因素

(1)产品要好,这是基础。产品不好,炒作得再好也只不过是昙花一现。互联网思维背后,产品才是根本。

(2)把握第一批用户的需求。无论是高性价比还是免费,都要在某一个点上做到极致,否则无法增加用户黏性。

(3)要有后续的特色产品和服务。只有有后续的东西,才会有人买单。

免费式商业模式不是不盈利,而是实现了"盈利点的偏移"。它的本质是通过"交叉补贴",即以其他细分客户付费的方式给免费客户提供补贴。用一句通俗的话来说,就是客户免费,第三方收费。对于消费者来说,免费意味着以后的付费;对于企业来说,免费是为吸引消费者实现成瘾消费,从而更好地收费。

让我们通过一段视频，了解免费式商业模式要想实现盈利需要具备的条件。

免费式商业模式盈利的条件

点拨：成功的免费式商业模式要具备三个基本条件，一是产品（或服务）要好；二是产品（或服务）要把握用户的需求；三是要不断推出特色产品（或服务）。要记住，有基础有后续，免费式商业模式才能起到最佳效果。

【好学深思】

免费式商业模式背后有着怎样的经济逻辑与影响？

在数字经济时代，免费式商业模式已成为一个不可忽视的现象。从社交媒体到云计算，从音乐和视频平台到在线教育，我们几乎可以在互联网的每个角落找到"免费"的标签。然而，这种看似免费的商业模式背后，隐藏着怎样的经济逻辑？它又是如何影响市场、消费者和企业的呢？

免费式商业模式的经济逻辑

用户规模与注意力经济：在数字经济中，用户规模与注意力是宝贵的资源。通过提供免费的产品或服务，企业能够迅速吸引大量用户，进而在用户身上投放广告、推广产品或服务，实现盈利。

第一，交叉补贴与增值服务。在免费的基础上，企业通常会提供增值服务，这些服务通常需要用户付费。先通过免费产品吸引用户，再通过增值服务实现盈利，是一种常见的交叉补贴策略。

第二，数据收集与分析。免费产品是企业收集用户数据的重要渠道。通过对用户数据的分析，企业可以了解用户的偏好、行为等信息，为精准营销、产品开发等提供支持。

免费式商业模式的影响

第一，市场格局的变革。免费式商业模式打破了传统市场的竞争格局，使得新兴企业能够在短时间内积累大量用户，对传统企业形成挑战。

第二，消费者行为的变化。免费产品降低了消费者的使用门槛，使得消费者更容易尝试新产品或服务。同时，免费产品培养了消费者的消费习惯，使得他们更倾向于选择性价比高的产品或服务。

第三，企业盈利模式的创新。免费式商业模式促使企业寻找新的盈利方式，如广告收入、增值服务、数据销售等。这些新的盈利方式为企业带来了更多的收入来源，也为企业的发展提供了更多的可能性。

免费式商业模式是数字经济时代的一种重要现象。它通过提供免费的产品或服务来吸引用户，并通过其他方式实现盈利。这种模式不仅改变了市场格局和消费者行为，还促使企业寻找新的盈利方式。然而，免费式商业模式也面临着一些挑战，例如，如何保证产品质量、如何维护用户数据安全等。因此，企业在采用免费式商业模式时，需要充分考虑这些因素，以确保企业的可持续发展。

【各抒己见】

下面看看小伙伴们是如何理解免费式商业模式的。

- 学生小萌：免费式商业模式就是企业所有的产品都是免费的。
- 学生小艾：目前互联网免费式商业模式和以往线下的赠品促销模式好像差不多，都是希望客户能够上钩，我的策略是：只要开始收费，马上跑掉。
- 学生小昕：企业要更加合理地配置免费资源与付费资源，让消费者感到有需要并愿意使用付费服务。
- 学生小叶：对使用免费式商业模式的企业而言，最大的挑战来自将免费消费者转变为付费消费者。

点评：

小萌和小艾只注重"免费"二字，未能真正领会免费式商业模式要合理地配置免费资源与付费资源的市场运作内涵。尤其是小艾，没有把自己定位为未来企业的一员，仅从消费者的角度来理解这种商业模式，而且"只要开始收费，马上跑掉"的做法会让他无法享受到付费消费带来的高质量服务。

小昕和小叶能够清楚地从企业发展战略角度认识到，免费式商业模式的成功要采用"在内容上平台免费、增值收费，在时间上短期免费、长期收费"的策略。

第五讲　决胜于千里之外——商业模式的设计

　　一个企业如果想做大做强,就要有一个做大做强的模式。很多企业做到一定阶段就停滞不前了,这是为什么? 因为一开始模式就错了,模式错了就注定做不大,因此企业要做好商业模式的顶层设计。

　　我们通常会说,努力就会有收获,但真的是这样吗? 其实,在这个社会,人越是一味盲目地努力,越容易迷失大的方向。成功做成一件事情,仅仅靠努力是完全不够的,还需要得体的方法,这个方法就是做事的技巧,对企业来说就是商业模式的设计。那么企业如何设计一个从零一步步走向顶尖的商业模式呢?

【他山之石】

　　华为作为中国科技企业的领军者,其成功的商业模式在全球范围内备受瞩目。这一模式的核心在于技术创新与全球视野的完美结合。

　　(1) 以技术创新为核心。华为深知技术创新是企业发展的根本。因此,华为长期投入巨资用于研发,不断突破技术瓶颈,保持在全球通信领域的领先地位。从 5G 技术到人工智能,从云计算到物联网,华为的创新步伐从未停歇,为全球客户提供了高效、稳定、智能的通信解决方案。

　　(2) 多元化业务布局。华为不仅在通信领域有着卓越的表现,还积极拓展其他业务领域,形成了多元化的发展格局。从手机、计算机等电子产品,到企业网络、数据中心等解决方案,华为都能提供一站式的服务。这种多元化的业务布局不仅满足了客户的不同需求,还为企业带来更为丰富的收入来源。

　　(3) 全球视野下的开放合作。华为始终秉持开放合作的理念,积极与全球各地的合作伙伴建立紧密的合作关系。无论是与运营商的携手共进,还是与设备供应商的互利共赢,华为都致力于构建一个开放、共赢的生态系统。这种全球视野下的开放合作不仅为华为带来了更多的商业机会,还推动了整个行业的共同发展。

　　(4) 以客户为中心。华为始终坚持"以客户为中心"的服务理念,不断优化产品和服务,提升客户满意度。无论是售前咨询、技术支持还是售后服务,华为都能提供及时、专业的服务,确保客户能够享受到最佳的使用体验。

华为用以技术创新为核心、多元化业务布局、全球视野下的开放合作及以客户为中心的担当作为，成功打造了一个具有竞争力的商业模式。这一模式不仅推动了华为自身的快速发展，还为全球通信行业的进步做出了重要贡献。

【学无止境】

1. 全盘复制式

全盘复制式指对优秀企业的商业模式进行直接复制，有时也需要略加修正，也包括直接竞争对手之间商业模式的互相复制。全盘复制式主要适用于行业内的企业，特别是同属一个细分市场或拥有相同产品的企业。但复制不等于生搬硬套，需要针对细分市场或企业情况进行适用性调整。

例如，四川省甘孜藏族自治州在 2018 年与创实互联进行合作，在合作之前，甘孜合作商就已经对互联网产业十分感兴趣，多方考察之后，便直接与创实互联达成了合作，自此展开了将整个甘孜州合纵连横的计划。达成合作后，甘孜合作商以稻城亚丁作为第一个建设同城服务平台的城市；因为稻城亚丁是个旅游城市，所以甘孜合作商首先以游客为目标用户，希望能借旅游业发展自身平台。但在运营一段时间后不见起色，因为旅游业有旺季淡季，一旦进入淡季，同城平台的订单数量就会降低。随后他调整运营方向，转而以本地居民作为主要用户群体。稻城亚丁约有 3 万本地人口，看似不多，但在生活服务方面有很大的缺口，并且当地没有外卖平台，因此外卖、团购、便民信息、跑腿、顺风车等，都成了甘孜合作商的同城服务项目之一，最终，这个 3 万人口的城市产生了大于 30 万元的价值。可见，越小的城市越需要同城服务平台。随后甘孜合作商以稻城亚丁为模板，开始在康定、德格、雅江等 18 个县城进行"复制"，达成了将整个甘孜州合纵连横的目标。

2. 借鉴提升式

借鉴提升式指学习研究优秀的商业模式，提炼和节选出优秀商业模式中的核心内容或创新概念，并与自身企业现阶段商业模式的相关内容进行对比、查找问题和不足。如果这些创新点比自身企业现阶段商业模式中的相关内容更符合企业发展需要，企业就应结合实际需要，引用这些创新概念并使其发挥价值。

例如，腾讯的商业模式是通过增加用户黏性，使长尾效应发挥最大价值。腾讯实施混合业务，并不断借鉴行业内其他比较好的商业模式，使旗下业务均能实现盈利。

171

3. 延伸扩展式

延伸扩展式指对新的商业模式进行学习,研究使用这种商业模式的企业所在的行业及细分市场,从而寻找出同一行业内尚未开发的其他细分市场,并将该种商业模式的主体框架扩展运用到同一行业的不同细分市场。在具体设计实施时有两个难点:一是如何找到尚未开发的细分市场;二是该商业模式在实际运用中如何针对细分市场进行优化和调整。

例如,智能制造企业青岛酷特智能凭借长期积累的庞大客户数据的优势,将互联网与制造系统进行嵌入融合,使企业直接与客户进行对接进而消除中间不必要环节,实现由传统规模化生产向大规模个性化定制转变,再演进升级为解决方案提供商。

4. 整合创新式

整合创新式指基于企业已经建立的优势或平台,依托消费者对本企业的忠诚度或用户黏度,通过吸收和完善其他商业模式进行整合创新,使自己进一步在本领域拥有产业链优势、混合业务优势和相关竞争壁垒。采取整合创新式设计商业模式时,需要特别关注企业现有平台是否具备一定优势,能否承担整合平台的重任,否则整合创新将失去基础。

例如,字节跳动(现更名为抖音集团)凭借强大的算法技术和创新能力,成功打造了整合创新式商业模式。通过整合短视频、资讯、社交等多元化业务,字节跳动实现了内容的高效生产和分发。它独特的个性化推荐算法,满足了用户的多样化需求,迅速成为全球知名的互联网企业。字节跳动的成功,不仅仅在于其技术实力,更在于其敏锐的市场洞察力和持续的创新精神。

成功企业肯定有非常好的商业模式,然而它也会面临被其他企业快速模仿或利用相似的商业模式与其展开竞争。因此,企业和创业者不仅要学习如何设计商业模式,还要研究成功企业的商业模式。

让我们通过一段视频,了解免费式商业模式的背后存在着怎样的机制。

免费式商业模式的背后机制

点拨:免费式商业模式背后是商家利用大众期待"天上掉馅饼"的心理,借助免费手段销售产品或服务,建立庞大的消费群体。这种商业模式本身的成本很低,而"免费"的金字招牌对顾客有着无穷的吸引力,能在短时间内使企业迅速占领市场,进而扩大市场份额。

【好学深思】

商业模式设计有哪些核心要素与关键步骤?

在当今竞争激烈的市场环境中,一个精心设计的商业模式是企业成功的基础。商业模式描述了企业创造价值、传递价值及获取价值的过程。

商业模式设计的核心要素

(1)价值主张。明确企业为满足目标客户需求所提供的产品或服务,以及这些产品或服务所创造的价值。

(2)目标客户。确定企业的目标客户群体,了解他们的需求和偏好,以便为他们提供精准的价值主张。

(3)渠道通路。选择合适的渠道将产品或服务传递给目标客户,确保价值的有效传递。

(4)客户关系。建立和维护与目标客户的良好关系,提高客户满意度和忠诚度。

(5)收入来源。明确企业的盈利方式和收入来源,确保企业能够持续创造价值并获取回报。

商业模式设计的关键步骤

(1)市场分析与定位。深入了解行业趋势、竞争态势和客户需求,确定企业的市场定位。

(2)价值创造与传递。基于市场定位,设计满足客户需求的价值主张,并通过合适的渠道将价值传递给客户。

(3)资源与能力分析。评估企业现有的资源与能力,确定需要提升或补充的领域,以确保商业模式的有效实施。

(4)风险评估与应对。识别商业模式中可能存在的风险,制定相应的风险应对措施,降低潜在风险对企业的影响。

(5)持续优化与调整。根据市场变化和客户需求的变化,不断优化和调整商业模式,以适应不断变化的市场环境。

总之,商业模式设计是一个系统性的过程,需要企业深入了解市场需求、评估自身资源和能力、制定合适的价值主张和渠道策略、建立和维护良好的客户关系、持续优化和调整商业模式。通过精心设计的商业模式,企业可以更好地创造价值、传递价值和获取价值,从而在竞争激烈的市场中脱颖而出。

【各抒己见】

下面看看小伙伴们是如何认识商业模式的设计的。

● 学生小萌:全盘复制式指企业丝毫不改、完全照搬其他企业的商业模式。

● 学生小艾:借鉴提升式只能是借鉴国外先进的企业商业模式。

● 学生小昕:商业模式的设计并非企业开展经营活动的标配,传统商业模式同样有其生存空间。

● 学生小叶:在设计商业模式前,企业应首先思考"企业的优势资源与能力是什么"与"它们是否能够有力支持商业模式设想"这两个问题,然后考虑构建商业模式。

点评:

小萌和小艾只注重商业模式设计方法的含义,忽略了企业在设计商业模式时要真正考虑的企业资源和机会。

小昕和小叶能够清楚地从创新商业模式和传统商业模式两个角度较好地认识到企业在设计商业模式所需要必备的各项能力条件。

第六讲　九宫格里藏玄机——商业模式画布的绘制

商业模式只描述企业打算如何盈利的计划，它解释了你的客户群是谁以及你如何为他们提供价值及融资的相关细节。商业模式画布作为一种战略管理工具，可以让你可视化评估你的商业理念或概念。这是一份包含九个方框的单页文档，代表了企业的不同基本要素。

商业模式画布提供了一种更容易理解业务不同核心元素的方法，这种做法比传统的商业计划更为有效。

你知道如何绘制商业模式画布吗？

【他山之石】

商业模式画布作为一种战略管理工具，可以为人们提供商业模式的快速概览，并且与传统商业计划相比，这个包含九宫格的单页文档免去了很多繁杂细节。

商业模式画布的视觉特性使任何人都容易参考和理解。它更容易编辑，并且可以轻松地与员工和利益相关者共享。

商业模式画布可供大公司及只有少数员工的初创公司使用。

商业模式画布阐明了业务的不同方面是如何相互关联的。你可以使用商业模式画布模板指导集思广益会议以有效定义你的商业模式。

【学无止境】

1. 商业模式画布的定义

商业模式画布是一种能够帮助团队催生创意、降低猜测、确保他们找到对的目标用户、合理解决问题的工具。商业模式画布使得商业模式可视化，使用统一语言讨论不同商业领域。

2. 商业模式画布绘制的基本方法

以九宫格（图 6-2）为例，介绍商业模式画布绘制的基本方法。商业模式画

175

布主要通过九宫格来体现,它分为价值主张、客户细分、关键活动、渠道通路、客户关系、核心资源、重要伙伴、成本结构和收入来源 9 个部分。

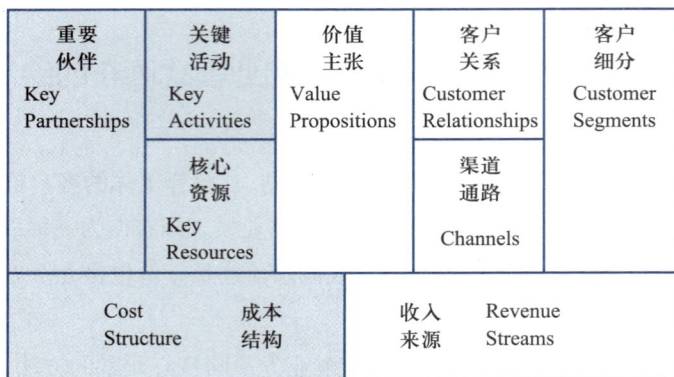

重要伙伴 Key Partnerships	关键活动 Key Activities	价值主张 Value Propositions	客户关系 Customer Relationships	客户细分 Customer Segments
	核心资源 Key Resources		渠道通路 Channels	
Cost Structure　成本结构			收入来源　Revenue Streams	

图 6-2　九宫格

(1)价值主张。价值主张更多的是需要从利他主义的角度去传达,我们能为用户创造什么价值。例如,对于美团来说,其最大价值是帮助客户足不出户就能获得线下的全面的体验,并且更加快捷地连接服务,提供了信息的收集和获取方式,为服务提供方和获取方提供了一个服务连接的平台,基于平台的性质,能够为双方带来基本的规则保证,减少了相关的不熟悉导致的摩擦。

(2)客户细分。客户细分指的是对目标用户的细分,我们为哪些群体提供服务? 帮助哪些群体解决问题? 哪些群体会为你的产品和服务最终买单?

(3)关键活动。关键活动指的是在你进行所有的商业活动过程中需要执行的关键事情,不做这些事情,商业活动就进行不下去或者做不好,你就会被竞争对手打压。例如,对于微信来说,开发 App 应用是重中之重的技术环节,打通 QQ 关系链是微信初期用户得以快速增长的关键,微信区别于 QQ 的功能定位是关键活动里被外界不断称赞的。

(4)渠道通路。渠道通路指把产品和服务通过各种方式及途径送到一线用户的面前,并说服他们为之买单。例如,微信的普及和微商的泛滥对于农产品和农民来说是一个福音,微信朋友圈里的各种商品案例,对人最有吸引力的莫过于吃喝玩乐了,当年在 QQ 群里泛滥的安溪铁观音茶叶广告就慢慢地被微信里边的土生土长的纯天然、无污染的苹果、橙子、桃子、猕猴桃所替代。因此,微信朋友圈已经成了橙子等农产品的主要传播途径,虽然微信一再表态不建议用户刷屏卖商品,可谁能遏制住"吃货"们的心呢?

(5)客户关系。我们接触最多的就是互联网产品的会员系统、理发店的年费会员、婚纱影楼里按照价格区分的不同等级的拍摄服务、商家的会员卡、银行的各种理财产品等。它们唯一的目的就是想留住用户,把用户口袋里的钱更多地转移到他们的口袋里,这就是客户关系把企业和用户进行有效、长期绑定的最佳方式。

(6)核心资源。企业自身所拥有的能力和资源包括技术、系统、人才、知识等,都是保证企业所有模块能够正常运转的核心资源。例如,优秀的专业人才、一流的流程管理、不怕牺牲的奋斗精神等是华为取得业内翘楚地位必不可少的资源。

(7)重要伙伴。重要伙伴包括企业核心业务所涉及或者依赖的上下游服务商,甚至是竞争对手。有一天企业有可能会收购别人或者被别人并购,58赶集、京东拍拍、搜狗、搜搜就是活生生的例子。

(8)成本结构。在所有的商业活动过程中都需要承担成本,成本一般分为固定成本和隐性成本。

(9)收入来源。商业活动的所有行为和活动,其最终的目的都是盈利,但是不能赤裸裸地跟用户、客户或者消费者说我就是要盈利。

综上,实现盈利之前应先把产品和服务做好。

让我们通过一段视频,了解免费式商业模式的盈利之道。

免费式商业模式的盈利之道

点拨:不少海底捞食客最感兴趣的竟然是等位子时能免费享受到的小食品及个性化服务,让令人厌烦的等待变成快乐的享受。通过提高顾客满意度,增强黏性和忠诚度,进而提升盈利能力。

【好学深思】

典型的创新模式有哪些?

在一般情况下,针对公司在行业中的不同位置,都会有对应的商业模式来匹配,主要有以下三种创新模式供大家参考。

迭代式创新

迭代式创新主要适用于行业的龙头企业,因为它的市场占有率已经达到最大,同行都在模仿它,它已经可以利用品牌优势让产品出现溢价。

举个例子,假设你能生产出跟格力一模一样的空调,贴上格力的牌子可以卖3 000元,贴上你自己的牌子可能只能卖到2 000元,多出的1 000元就是格力的品牌溢价。

虽然龙头企业有品牌溢价，但是也有自己的难言之隐，那就是不能大刀阔斧地进行革新，因为一旦失败将会是自寻死路。如果在原有的基础上进行小范围的创新，那么虽然也存在被竞争对手超越的可能，但是只要自己不犯错，后来者超越的难度就会很大。

行业龙头企业选择相对保守的迭代式创新有它的必然性，这里是没有对错答案的。站在职业经理人的角度来看，我们当然知道企业一直这样会存在问题，可是自己主要是领工资和奖金的，只需要先把眼前的事情做好，其他的根本管不了。

一些中小企业选用迭代式创新后，业绩增长得很慢，原因就在于这种模式不太适合中小企业。

跨行业创新

跨行业创新多见于行业的第三名企业，因为它想要超越第二名企业都很难，更别提超越第一名企业了。企业做多大不只取决于一种产品，它完全可以通过换个赛道继续做。

试想一下，假设我们集团涉足了五个行业，全都做到了行业第三名，那么我们集团的实力有可能是超过了各自行业的龙头企业的。

小米为什么选择走生态路线呢？它不仅仅卖手机，还卖电视机、计算机、路由器、充电宝、空调等几十种产品。因为小米在发展手机的过程中发现，手机品类的发展遇到了瓶颈，想要超越苹果、三星，可能性不大，既然如此，何不跨行盈利呢？

跨行业创新是很多创业者喜欢做的，不过既然做就要做好，不要做好一个扔掉一个，这样会很累，也实现不了更多的盈利。

破坏式创新

迭代式创新和跨行业创新主要适用于行业的头部企业，那么后来者企业该用什么创新模式呢？答案就是破坏式创新。因为后来者企业规模还比较小，束缚也比较少，直接以破坏者的形象出现在行业里会更有杀伤力。

破坏式创新就是要破坏掉行业原有的盈利规则，让消费者为之拍手叫好。

例如，360公司进入行业之前，行业内的头部企业都是凭借卖杀毒软件盈利的，只不过费用多少不一而已，而360公司直接以免费的形式为用户提供杀毒软件，放弃了卖软件的收入。因此，当360公司与腾讯竞争的时候，很多网友是站在360公司这一边的，让360公司成了迅速崛起的互联网公司。

就目前而言，绝大多数的创业公司最适合的创新模式就是破坏式创新，因为采用这种模式需要考虑的东西并不多，只要研究怎么打破原有的盈利模式，建立起新的盈利模式就行了。当龙头企业反应过来的时候,它也不敢轻易学习,因为这意味着它将放弃原有的盈利模式,这是非常痛苦的抉择,一般人做不到。破坏式创新一旦成功,获得的收益超出想象,前提是计算好每步的花销与成本。

【各抒己见】

如果你拥有一艘大游轮,你会怎样通过商业模式画布设计宏伟的商业模式? 下面看看小伙伴们是怎么看的。

- 学生小萌:我没有大游轮,我也不敢想。假如能用大游轮带上全家环游世界倒是不错。
- 学生小艾:如果我能在大游轮上工作,顺便旅游全世界就已经足够了。
- 学生小昕:我希望突破传统模式,与世界知名企业合作,在游轮上经营各类跨境项目。
- 学生小叶:我首先要进行商业模式画布绘制,分析这艘游轮到底适合怎样的商业经营模式,然后进行开发经营。

点评:

小萌和小艾连想都不敢想,是无法进行商业模式画布绘制的,自然也无法获得成功。

商业模式画布是用来描述和分析企业、组织、个人如何创造价值、传递价值、获得价值的基本原理及工具。它能够帮助企业和个人看清楚自己的商业游戏规则和个人职业发展路径。不想做老板的员工不是好员工,希望小昕、小叶能够通过绘制商业模式画布,勇敢地迈出成功创业的第一步。

≫ 百炼成钢

实训 1: 数正方形

- 游戏场地:室内空地。
- 游戏人数:1 名教师,6 名学生。

- 游戏准备：一个 16 格的正方形图案（可以绘制在黑板上或准备一张打印好的图案）、白纸若干（供学生记录答案或绘图使用）、铅笔或马克笔。
- 游戏规则：尽量突破条条框框的限制。教师向学生们展示 16 格的正方形图案，并说明游戏规则；学生们需要仔细观察图案，并尽量突破思维定式，找出图案中所有可能大小的正方形；学生们可以用铅笔或马克笔在白纸上记录或绘制他们所找到的正方形；学生们需要计算出图案中总共有多少个正方形，并准备好分享他们的答案。
- 游戏小结：通过这个游戏，学生们不仅学会了如何计算不同大小的正方形数量，还锻炼了他们的观察力和思维能力。他们学会了从不同的角度看待问题，突破了思维定式，找到了解决问题的新方法。这个游戏也让学生们明白，在面对复杂问题时，耐心和细致的观察是非常重要的。通过分享和交流，学生们还学到了不同的解题方法和思路，进一步拓宽了他们的思维视野。希望学生们能够将在游戏中学到的知识和技能应用到日常生活和学习中，不断提升自己的综合创业素质。

实训 2：煮胡萝卜、鸡蛋和咖啡豆

- 游戏场地：室内（有足够空间供参与者活动的会议室或活动室）
- 游戏人数：1 名教师，6~8 名学生。
- 游戏准备：三个大容器（如锅或盆），分别标记为"胡萝卜""鸡蛋""咖啡豆"，足够数量的胡萝卜、鸡蛋、咖啡豆，足够的开水、计时器、讨论用的白板和笔。
- 游戏规则：将参与者分成 3 组，每组代表一种食材（胡萝卜、鸡蛋、咖啡豆）；每组选出一位代表，将各自组的食材放入开水中，并开始计时；在规定的时间内（如 10 分钟），各组观察并记录自己组食材的变化；时间到，各组代表将食材取出，展示给所有参与者看，并分享观察到的变化。所有参与者回到一个大组，进行游戏讨论和小结。
- 游戏小结：通过这个游戏，我们希望参与者能够认识到，在创业的道路上，不同的态度和选择会导致不同的结果。像胡萝卜一样的人，可能在困难面前变得软弱无力；像鸡蛋一样的人，虽然经历了变化，但本质上还是封闭的；而像咖啡豆一样的人，不仅能够适应环境，还能积极改变自己，甚至改变环境。因此，在创业过程中，我们应该保持开放的心态，勇于面对挑战，努力成为能够改变自己和环境的"咖啡豆"。此外，这个游戏还提醒我们，创业并非一蹴而就，需要时间和耐心。就像煮咖啡豆一样，我们需要持续加热、耐心等待，才能看到最终的成果。同样地,在创业过程中,我们也需要持续努力、不断学习,才能取得成功。

》 见贤思齐

王俊达:让更多新农人把美好青春留在农村

王俊达,山东省学联委员,现任"新农人社区"党支部书记、创始人。

如果让我们站到王俊达的身旁,那么大多数人会评价两个特点:脸庞黝黑和其貌不扬。谁又能想到,就是这么一个脸带书生气的小伙子,跑到清华大学、北京大学等60多所高校做"新农人宣讲会",天马行空地"闯"出了一条农业发展的新模式、新路子,引进121名大学生、退役军人回到农村创业,联结了5 316名农户共同发展,形成"新农人社区",服务涉及济南市唐王镇、临沂市沂水县、青岛市莱西市、东营市史口镇、东营市六户镇……先后有70余名镇长、书记到此"取经",获评国家级产业融合示范点,入选山东省农业标准化生产基地,是首批中小学生社会实践基地、首批文化产业示范基地、东营市现代农业示范区,在国家级创新创业大赛中获得三个奖项,受邀参加世界青年发展论坛。

"暑期三下乡"探索出村镇社区发展新业态

在担任学生会主席期间,每年寒暑假,王俊达都要带领团队参加团中央主办的"大学生三下乡"活动。每次回来,他总会有一些感悟和思考,这也是所有人都能感受到的问题:"为什么农村的年轻人越来越少了""为什么没有人愿意回到农村种地了""为什么很好的产品烂在地里""为什么含辛茹苦的农民却是产业链上赚钱最少的人"……

五年里,王俊达和他的团队走访了26个省、市、乡村,吃了多少苦可能只有他自己知道,一切都是为了大学时期自己心里埋下的那一颗"种子"。"新农人社区"就是在这种背景下产生的。

他的创业从一块"社区样板"开始

市委书记来了、市长来了,王俊达总是踌躇满志、激情满怀地汇报自己的"大事业",领导们有时却一知半解。总问,能不能具体说说,你到底要做一件什么事情。

面对质疑,王俊达的热情丝毫不降。此时的王俊达就想自己打造一个"社区样板"。但是,农业项目对于资金、技术、人才的需要太大了,岂是一个刚毕业的大学生就能做到的。

王俊达找到了自己的母校——东营职业学院。在母校团委和招生就业部

181

门的帮助下，王俊达有机会可以拜访农业高校、咨询农业专家、寻找投资人，不断对项目进行修正。因为其项目发展理念的先进性和完整的项目模式，王俊达获得了第一笔490万元的股份投资，此时的投资人可能也没有想到，后来的项目能够有这么大的影响力，能够得到快速地复制和推广，引起社会反响。

有了第一笔资金，王俊达开始按照设计的规划，建设和运营"新农人社区"样板项目，选址于农村空心化、产业不突出问题尤为明显的东营市史口镇。通过与东营职业学院、山东农业大学、青岛农业大学、山东省果树研究所等高校、院所合作，列出了"新品种、新技术"项目清单。依托新农人宣讲会，吸引大学毕业生、退役军等到此创业，帮扶新农人示范发展成功后，从而带动当地农户受益。

短短两年时间，在东营市史口镇，王俊达的第一个"样板项目"已经发展为占地300亩（1亩≈667平方米）、辐射70平方千米的美丽的乡村示范片区。建设了新农人示范基地、新农人孵化中心、新农人生活中心三个载体，引进新农人67名；带动雪里香草莓、羊角蜜甜瓜、赤松茸、蓝宝石葡萄、东杞柳五个产业发展；注册劳家村·西菜园、月光之泪、探寻新农等六个农产品品牌；通过技术培训、产销一体紧密联结1 700名农户共同发展，实现利润2 867万元。

像王俊达一样，我们每个人都有自己的使命，不经意间绽放自己的光彩。我们还有千千万万名优秀团学干部和返乡创业大学生，他们心怀梦想、充满激情、克服挑战，把美好的青春留在农村，将汗水洒在祖国宽广的大地上。他们的青春值得回忆，令人颂扬。

模块七
整合创业资源

创业者能否成功地发掘并把握住机会,进而推动创业活动向前发展,通常取决于他们能掌握和整合到的资源,以及对资源的利用能力。创业资源是企业创立和成长过程中的特定资产,许多创业者在早期获取资源的途径比较少,创业者首先要尝试通过各种途径收集资源。获取资源的最终目的是提高创业绩效,获得创业成功,但是在创业过程中,如何整合和运用现有的资源是创业者成功的关键。

资金是企业创立、发展与壮大所必备的战略资源之一。任何一个创业者都必须站在战略制高点来理解资金对创业的战略意义,并扎实做好创业融资工作,只有这样才能促进创业活动的顺利开展。创业计划就是创业者叩响投资者大门的"敲门砖",创业计划书撰写的过程也是梳理创业思路、整合创业资源的过程,还是进一步认识创业项目、评估商业机会本质的过程,更是青年创业者培养严谨态度、进行理性思考、提升能力的过程。

通过本模块的学习,你将能够:了解创业资源的定义,创业资源获取途径、创业资源整合的方法,以及创业融资的方式;理解创业计划的重要性和创业计划书的编制要点;掌握创业计划书撰写及路演的技巧。

第一讲　迈向成功的基石——创业资源认知

常言道："巧妇难为无米之炊。"创业资源是创业的基础,也是重要的保障。没有资源,创业者只能望商机兴叹。例如,面对同样的产品或盈利模式,有些人会付诸行动去创业,有些人却放任机会流失。对于后者来说,往往是缺乏必要的创业资源。

你知道创业资源包括哪些吗? 又该如何合理利用它们呢?

【他山之石】

诸葛亮是个善用资源的战略大师,他的伟大不仅仅在于他的神机妙算,更在于他善于调配和整合各种资源,并为己所用。

周瑜当年叫诸葛亮 3 天之内打造出 10 万支箭。头两天,诸葛亮没有动静,第三天四更时,诸葛亮秘密地请鲁肃一起到船上去,说是一起去取箭。诸葛亮吩咐士兵把船用绳索连起来向对岸开去。

那天江上大雾弥漫,伸手不见五指。当船靠近曹军水寨时,诸葛亮命船一字摆开,曹操以为对方来进攻,又因雾大怕中埋伏,就派 6 000 名弓箭手朝江中放箭,雨点般的箭纷纷射在草靶子上……

未损一卒,拿到 10 万支箭。这是一件看似不可能完成的任务,但诸葛亮说到做到。他运用的策略并不难理解——通过整合"风"(天时)、"航线路程"(地利)、"鲁肃的中介协调和配合"(人和)多方资源使计划轻松得以实现。

【学无止境】

1. 创业资源的定义

创业资源是指在创业活动中为企业创造价值的特定的资产,包括有形资产与无形资产。创业资源是创业企业从成功创建到逐步发展所不可缺少的基础,而创业企业对创业资源的获取与整合贯穿创业过程的始终。

2. 创业资源的类型

如果按创业资源的内容进行分类,则可以把创业资源分为六类。

(1)人力资源。在企业运营的各个环节,如销售、生产等,都需要一些高素质人才作为支撑,他们是企业的中坚力量。

(2)资金资源。在开发产品、营销推广、维持企业正常运营过程中都需要资金的支持,因此募集启动资金对创业者来说责无旁贷。

(3)管理资源。好的管理资源能使企业维持良好的运营状态,从而更好地调度和使用其他资源。

(4)技术资源。很多初创企业正是凭借良好的技术基础发展壮大的。技术对企业的可持续发展起着不可替代的作用。

(5)物质资源。在一般情况下,物质资源可以通过购买获得。

(6)社会资源。社会资源通常对获取资金和开拓市场有很大益处。

六类资源共同构成了创业资源,创业资源的筹集和应用是创业成功的关键,它们在创业过程中起着非常重要的作用。例如,社会资源在创业中能提供市场机会,并提高创业者的机会识别能力,是创业成功的基础。资金资源则是创业企业的"源头活水"。创业之初需要启动资金,创业过程需要流动资金,只要一个环节的资金不到位,创业企业就可能面临断"炊"的风险。一旦创业企业成立,人力资源就成为企业持续经营最重要的资源了,因为专业人才和他们所掌握的技术决定着创业企业的发展走势及核心竞争力。

对于在校大学生而言,如何利用创业资源开启创业之路是迫切需要解决的问题。近年来大学生创业是一个热门话题,虽然说风险较大,但是在国家政策的扶持和引导下,大学生创业依旧是一个不错的选择。但是,对于一个大学生创业者来说,由于时间和空间的局限性,资金、人脉等资源不尽如人意,所以大学生创业者在创业之前首先要梳理自身,明确自己是否具备足够的专业能力和创业所需能力,自身各方面条件是否支持个人创业。创业不是儿戏,不要轻易创业。创业要先过自己这一道关,打铁还需自身硬。

让我们通过一段视频,了解东营职业学院 3D 打印联盟是如何利用自身的创业资源开启创业之路的。

从资源的利用中探寻创业之路

点拨:掌握了技术只是拥有了重要的创业资源,如何利用技术实现持续盈利才是关键。3D 打印联盟的成功经验告诉我们,拥有创业资源不等于成功创业,学会利用资源、转化资源，才能让创业之路更加通畅。

【好学深思】

资源整合对于企业发展有何重要意义？

面对资源稀缺的状况，积极整合资源是应对挑战、实现可持续发展的关键举措之一。整合资源的目的就是使资源利用率最大化，进而实现利益最大化，通过创造性地整合和运用资源获得竞争优势，为创业尽可能多地加注成功筹码。

资源的有限性往往会限制发展的速度和程度。资源整合不是简单地对能够看到、所掌握着的资源进行整合，也不是对计划施展过程的简单填补与运用。整合资源可以将分散的、零碎的资源有机结合，实现优势互补，从而提高资源的利用效率。

首先，整合资源能降低成本，优化企业的资源配置，让有限的资源发挥更大的价值，避免资源闲置或低效利用。通过整合不同类型的资源，如人力资源、物力资源、财力资源、信息资源等，可以创造出协同效应，提升企业整体的运营效率和效益。不同的组织或个体可能拥有各自独特的资源，通过有效的整合，可以减少重复投入，实现资源的最大化利用。

其次，整合资源能帮助企业拓展业务领域和市场空间。将各种资源进行有机组合，可以催生新的商业模式和发展机会，使企业能够进入新的市场或提升在现有市场中的竞争力。将不同的资源，如技术、人才、客户关系、渠道等汇聚在一起。这些资源的融合可能会产生新的业务思路和模式，从而有机会开拓出新的业务领域和产品线。例如，将一项先进的技术与现有的市场渠道资源相结合，就可能推出满足新需求的产品或服务，实现业务的延伸。通过整合外部资源，企业可以突破自身的局限，进入原本难以涉足的市场。与其他企业合作整合双方资源，可以共同拓展新的区域市场或行业市场，实现互利共赢。

总之，重视资源整合是企业实现持续发展、提升核心竞争力的重要途径。

【各抒己见】

作为在校大学生，我们身边有哪些可以利用的创业资源呢？

● 学生小萌：我们能用的创业资源太少了，除非家里有人帮忙，创业资金、人脉关系都是难题。

● 学生小艾：大学生有的就是创业的激情，除此之外就没有什么创业资源了。

● 学生小昕：我们身边同学和老师的人脉资源，国家和学校的相关政策，学校为我们提供的创业园地，这些都是我们的创业资源。

● 学生小叶：大学生最有优势的创业资源就是我们所掌握的专业技能和知识。

点评：

小萌和小艾对创业资源的认识比较偏激，小昕和小叶对创业资源的认识相对而言比较到位。

其实学校提供的创业资源非常丰富，如学校开设的创新创业课程、让我们有一技之长的专业课程、大学生创业帮扶政策、创业学院设置的各种创业项目、不定期举办的各类创新创业大赛等，只要我们积极参与就能有所收获。不管是有形的资源还是无形的资源，这些都会成为有创业想法的人的重要资源。

第二讲　赢得竞争的先机——创业资源的获取

　　创业不是引"无源之水",栽"无本之木"。每个人创业,都需要资源。资源与创业者的关系就如同颜料和画笔与艺术家的关系那样。如果你能够发现特定资源的价值或者善于获得资源,那么创业机会将无处存在。因此,在创业过程中创业资源的获取是非常重要的。

　　你知道如何才能有效获取创业资源吗?

【他山之石】

　　深圳市怡亚通供应链股份有限公司(以下简称怡亚通)是一家以供应链服务为核心的企业,通过整合资源来提升自身竞争力和盈利能力。2024 年 4 月 7 日有消息指出,怡亚通积极融入新能源时代,通过轻资产运营模式,在上游布局产业原材料,与尼日利亚的几家矿产公司合作,获得锂矿源头资源。

　　怡亚通以"供应链 + 产业链 + 孵化器"模式,持续聚焦新能源、大消费、大科技三大赛道,基于现有的业务规模,不断拓展业务领域,从传统的供应链服务商向综合服务商转型。例如,怡亚通在流通消费型供应链服务的基础上,增加了全球采购中心及产品整合供应链服务、供应链金融服务等。此外,怡亚通通过与众多国内外知名企业建立战略合作伙伴关系,共享资源、渠道和市场信息,并购具有优质资源的企业,将其资源纳入自身体系,沿着产业链上下游拓展等途径获取资源。

【学无止境】

1. 获取关键技术的途径

　　获取支持创业项目起步的关键技术的途径有多种,我们可以通过吸引技术持有者加入创业团队,或者购买他人的成熟技术;也可以购买他人的前景型技术,然后通过后续完善和开发,使之符合商业化要求;还可以同时购买技术和吸引技术持有者加入创业团队。当然,我们也可以自己研发关键技术,但这种方式

189

时间长、耗资大。

创业者可以通过时时关注新闻报道、科技信息，留意各类科技成果的发布，从中发现具有巨大商机的技术。此外，专业信息机构、图书馆、会议及互联网等，也是获取信息的有效渠道。创业者可以根据自己的实际情况，选择一种或多种方式，尽可能多地获取有效信息。

2. 获取人力资源的途径

此处的人力资源不是指创业企业成立以后需要招募的员工，而是指创业者及其团队拥有的知识、技能、经验、人际关系、商务网络等。

创业前，如果有可能，在校大学生可以尝试做些产品的校园或者地区代理。在这个过程中，大学生既能赚些零用钱，增长关于市场的知识，又能锻炼自己的组织能力。除此之外，大学生还可以考虑到企业去工作，通过工作学习行业知识，建立客户资源渠道，了解企业运作的经验，学习开拓市场的方法，认识盈利模式。另外，营销网络可以帮助创业企业的产品或者服务走向市场，换回用户的"货币选票"。在一般情况下，创业企业可以借用他人已有的营销网络，也就是使用公共流通渠道；也可以将自建营销网络与借用他人营销网络相结合，扬长避短，使营销网络更适应创业企业的要求。

3. 获取外部资金的途径

创业者一般可以依靠亲朋好友筹集资金，争取银行贷款或企业贷款；或者争取政府某个计划的资金支持；或者做一个详尽、可行的创业计划，以吸引一些大学生创业基金甚至风险投资基金的目光。

让我们通过一段视频，了解大搜车关于创业资源获取的重要性评价。

创业资源获取的重要性

点拨：大搜车的成功转型说明，数智时代的到来，不但对国民经济社会发展产生了重大影响，而且对青年群体的创业意识和创业模式产生了深远影响，为青年创业者拓宽创业资源获取渠道，提高创业技能和综合素质创造了良好条件。

【好学深思】

影响创业资源获取的因素有哪些?

创业者自身因素

创业者的个人素质、经验和能力直接影响其资源获取的能力。一个优秀的创业者通常具有良好的信誉和强大的说服力,这些都有助于其更容易地获取资源。

市场环境

市场环境是影响创业资源获取的另一个重要因素。行业的发展趋势、市场竞争状况及政策法规等都会影响资源的可获得性。例如,某些行业在政策支持或市场需求大的情况下,资源获取相对容易。

社交网络

创业者的社交网络广度和深度影响其获取资源的能力和效率。一个拥有广泛社交网络的创业者,有更多的机会和渠道获取所需的资源。

资源提供者

资源提供者的动机、需求和偏好也会影响创业资源的获取。例如,投资者更关注创业项目的盈利潜力和创业者本人的能力,如果他们看到项目的巨大前景,会更愿意提供资源支持。此外,供应商、合作伙伴等也会根据企业的需求和信誉等因素决定是否提供资源支持。因此,创业者需要了解并满足资源提供者的需求和期望,才能更有效地获取资源。

综上所述,创业者自身因素、市场环境、社交网络和资源提供者都是影响创业资源获取的重要因素。为了成功创业,创业者需要不断提升自身能力,积极应对市场环境变化,拓展社交网络并了解资源提供者的需求和期望。这些因素的综合作用决定了创业者在资源获取方面的成功与否。

【各抒己见】

互联网时代的来临对大学生获取创业资源有哪些影响?

● 学生小萌:网络信息技术的发展和竞争日益激烈,不适合势单力薄的大学生。

● 学生小艾:我的计算机水平很差,因此网络环境并不适合我。

● 学生小昕：良好的网络环境可以帮助我们获取更多、更适合自己的创业资源，从而找到适合自己的创业项目。

● 学生小叶：互联网时代为创新创业提供了广阔的空间和平台。我率先从利用好学校的各种创业资源做起，积极投身其中，去开创一番事业。

点评：

小萌和小艾对数智时代创业资源的认识比较狭隘，其实像网店等创业项目还是比较适合大学生创业的，另外网络平台还可以为大学生创业者拓宽创业资源获取渠道。

小昕和小叶对新形势下的创业资源的认识相对而言比较全面，作为大学生创业者，应当利用好网络资源和信息，提高自身创业能力，更好地实现自身的价值和追求。

第三讲　抓住你的钱袋子——创业融资的实现

大学生在创业过程中面临的主要困难之一就是资金短缺。由于大学生没有稳定的收入来源和积蓄,创业资金不足往往成为他们需要面临的首要问题。

你知道大学生的创业资金主要来自哪里吗?

【他山之石】

"00"后创业者吴佳亮,大二时开始自己尝试做淘宝电商,主营童装系列。对于刚接触电商的他来说,逐步意识到自己的知识和能力还远远不够,在校期间他经常请教老师电商方面的知识,假期时吴佳亮去电商企业实习工作,负责天猫店的运营推广,学习优秀企业的电商模式。2021 年 7 月,毕业前夕,吴佳亮创办了亳州市益韵源电子商务有限公司,拥有自己的淘宝和天猫平台。经过屡次碰壁,公司成立之初就引入了投资机构,以在校大学生的身份,成功融资 20 万元。

大学生创业融资有多种途径和方式,不同的融资方式适用于不同的创业项目和情况。在寻求融资时,大学生创业者应该充分了解各种融资渠道的特点和要求,并根据自己的项目需求和实际情况选择合适的融资方式。同时,创业者还需要具备良好的创业计划制订和团队管理能力,以提高融资成功的可能。

【学无止境】

1. 中小企业担保贷款

中小企业担保贷款被喻为创业者的"安神汤"。一方面中小企业融资难,大量企业嗷嗷待哺;另一方面银行资金缺乏出路,四处出击,却不愿意贷给中小企业。究其原因主要在于,银行认为向中小企业发放贷款,风险难以防范。然而,随着国家政策和有关部门的大力扶植及担保贷款数量的激增,担保贷款必将成为中小企业的一条有效融资之路,为创业者"安神补脑"。

2. 政府基金

政府基金被喻为创业者的"免费午餐"。近年来,政府充分意识到中小企业对促进国民经济发展的重要作用,各级政府相继设立了一些政府基金予以支持。这对于拥有一技之长又有志于创业的诸多科技人员,特别是归国留学人员,是一个非常好的机会。

3. 创新基金

创新基金被喻为创业者的"营养餐"。近年来,政府越来越关注中小企业的发展。科学技术部、财政部联合建立并启动了以政府支持为主的中小企业技术创新基金,以帮助中小企业摆脱融资困境。创新基金已经越来越多地成为初创企业融资可口的"营养餐"。

4. 典当融资

典当融资被喻为创业者的"速泡面"。"急事告贷,典当最快",典当的主要作用就是救急。与作为主流融资渠道的银行贷款相比,典当融资虽然只起着拾遗补阙、调余济需的作用,但它能在短时间内为融资者争取到更多的资金,正获得越来越多创业者的青睐。

5. 风险投资

风险投资被喻为创业者的"维生素 C"。风险投资是指以高新技术为基础,对生产与经营技术密集型产品的投资。在英语中,风险投资的简称是 VC,与维生素 C 的简称如出一辙,而从作用上来看,两者也有相同之处,都能提供必需的"营养"。

6. 天使投资

天使投资被喻为创业者的"婴儿奶粉"。天使投资是自由投资者或非正式风险投资机构,对处于构思状态的原创项目或小型初创企业进行的一次性的前期投资。天使投资虽是风险投资的一种,但两者有着较大差别:天使投资是一种非组织化的创业投资形式,其资金来源大多是民间资本,而非专业的风险投资商;天使投资的门槛较低,有时即便是一个创业构思,只要有发展潜力,就能获得资金,而风险投资一般对这些尚未诞生或嗷嗷待哺的"婴儿"兴趣不大。

以上就是创业融资的主要方式,无论采取哪种融资方式,创业者都需要得到投资者的认可,只有这样才有可能获得融资。

让我们通过一段视频，了解创业者和投资人之间如何才能构建双赢关系。

创业者和投资人的相处之道

点拨：创业者和投资者就好像在谈恋爱，只有双方意见一致才可以走到一起。创业也好，投资也好，或是从事任何一件工作，都要顺势而为。对于整个经济活动而言，政府要扮演好自身的角色，像国家倡导经济转型，树立创新型城市，就是要推动多层次资本市场的开放，推动创业板，推动民间的"双创"活动。交易所扮演角色的任务是提供更好的交易平台和投资环境。创业者对投资者负责，投资者和创业者都需要扮演好自己的角色。如果用两个字表达创业者和资本市场的关系，那就是双赢。资本获取商机，获取资本的增值，创业者寻找商机，使企业发展壮大；资本与创业者需要共同把握趋势，顺势而为，实现共赢。

【好学深思】

大学生融资难如何破？

大学生由于缺乏经验、资源和信用积累，在融资过程中可能会遇到投资人对项目产生怀疑和不信任、资金获取渠道有限、对融资流程和规则不够熟悉等问题。然而，大学生不能因此而放弃。

大学生融资困难的原因主要有以下三个方面：一是缺乏经验和业绩。大学生创业往往经验不足，项目没有实际运营数据做支撑，难以让投资者信服，商业规划不完善，一些创业计划不够成熟和全面，缺乏足够的吸引力。二是投资风险较高。创业本身不确定性大，大学生创业成功的概率相对较低，投资者会比较谨慎。三是缺乏资产及人脉。大学生自身通常没有多少可用于抵押的资产，在商业领域的人脉关系页不够广泛，较难接触到合适的投资渠道和资源。

要克服融资困难，大学生需要不断提升自身能力，包括完善创业计划书，提升项目的可行性和创新性，积极参加各种创业培训和交流活动，拓展人脉资源。同时，要保持坚韧不拔的毅力和决心，不轻易被挫折打倒，持续优化项目和寻找合适的融资机会。只要坚持不懈，就有可能在创业道路上取得突破，实现自己的梦想。

创业的过程就是一场冒险。尤其对于大学生来说，他们面对的更是一片深不可测的海。大学生创业融资往往面临诸多挑战，必须要坚定信心、克服困难、坚持到底。虽然大学生在创业道路上时时刻刻担心着销量、业绩、回款，并且面临着潜在的突发风险，但是危机过后必定会获得成长。

【各抒己见】

创业初期的大学生应该如何融资呢?

● 学生小萌:大学生六种创业融资方式,我们可以任选其一。

● 学生小艾:我觉得还是稳妥一点比较好,创业初期先不要融资了,花别人的钱不踏实。

● 学生小昕:首先要清楚自己的融资条件和融资能力,然后选择合适的融资方式。

● 学生小叶:应当制订相应的计划,明确自己的创业项目有哪些融资渠道可以利用。

点评:

小萌对创业融资的认识不够全面,小艾缺乏勇气,大学生创业者是一个特殊的群体,如果没有融资渠道和融资勇气,那么创业计划只能是一纸空谈,但客观条件又决定了并不是每种融资方式都适合他们。

小昕和小叶对创业融资的认识相对而言比较到位,大学生创业者应根据自身情况对比斟酌,合理选择融资方式。

第四讲　降低创业的成本——创业资源的整合

　　资源整合的理念可以追溯到中国古代。荀子在《劝学》中讲道："假舆马者，非利足也，而致千里；假舟楫者，非能水也，而绝江河。君子生非异也，善假于物也。"优秀的创业者在创业过程中所展现出的卓越的创业技能之一便是创造性地整合资源。

　　你知道哪些整合创业资源的技巧？

【他山之石】

　　某花店放弃传统的经营方式，而与花农和快递公司结成战略联盟。花店作为一个鲜花的订购中心，顾客到这里订购鲜花（如通过网络或电话订购），花店记录下顾客订购的花的种类和数量，以及顾客希望送达的地址和时间。同时，把顾客需要的花的种类和数量信息发给花农，通知花农准备鲜花。然后，花店把顾客订购的花的种类和数量，以及顾客希望送达的地址和时间等信息发给快递公司，由它先从花农处取得鲜花，再送给顾客。

　　花店通过与快递公司的合作，整合快递公司的运输资源，把传统情况下的两方合作变成三方联盟。新的战略联盟大大扩展了生意量，每个参与方都获得了更多的收入：花农可以卖出更多的花，快递公司得到更多的生意，而花店得到更多的订单，同时节省了运输成本。顾客可以选择的鲜花种类更多了，同时享受方便快捷的上门送花服务，这都是传统的花店做不到的。

【学无止境】

1. 拼凑

　　我们首先要学会拼凑，拼凑是为了解决问题，整合手头现有的资源。它具有三大要素。

　　(1)利用手边已有的资源。手边的已有资源经常是通过日积月累慢慢积攒下来的。当时创业者也许并不十分清楚它们的用途，只是基于一种习惯，或抱着"也许以后用得着"的想法。纵观目前成功的企业家，很多是拼凑高手，将手边的破铜烂铁妙手回春,改造为早期的设备。

(2)整合资源用于新目的。任何企业的资源结构不可能适合于所有情况,也没有企业总是能够在第一时间找到合适的新资源。于是,整合手边已有的资源,快速应对新情况,成为企业"保卫阵地,抢占制高点"的利器。供应过程资源整合如图 7-1 所示,总部资产供应至消费者有多种渠道,大范围覆盖消费者的多样性购买渠道,进而实现利益最大化。

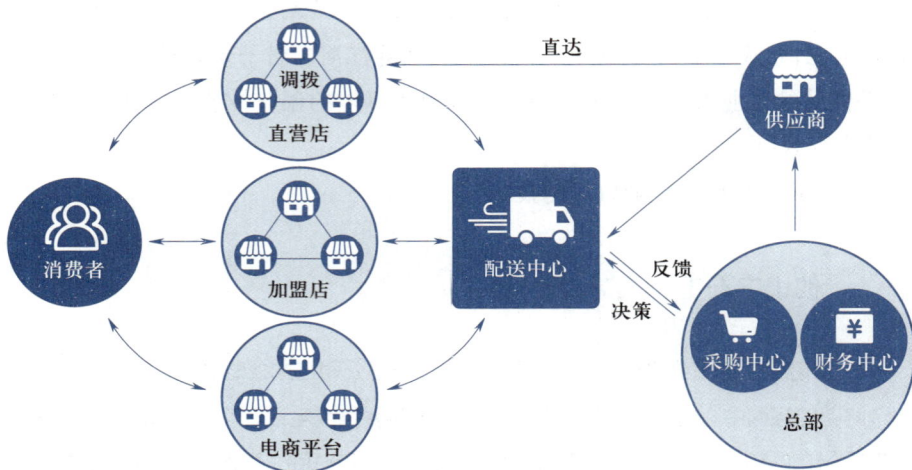

图 7-1　供应过程资源整合图

(3)将就使用。出于成本和时间的考虑,拼凑的载体常常是手边一些废旧资源。这种先天不足从一开始就注定了拼凑出的东西品质有限。但在创业初期,拼凑有时候就是在一个个不完美中逐渐蜕变出辉煌的过程。

在缺乏资源的情况下,创业者可以分多个阶段投入资源,并且在每个阶段或决策点投入最少的资源,也就是有原则地保持节俭。

我们要知道,整合资源需要关注有利益关系的组织或个人,尽量多地找到利益相关者并设计共赢机制,在此基础上考虑怎样建立稳定的信任关系并加以维护。也就是说,资源的整合要设置资源整合利益机制(图 7-2)。

2. 发挥资源的杠杆效应

资源整合的另一种方法是发挥资源的杠杆效应。尽管存在资源约束,但创业者并不会被当前可控资源所限制,成功的创业者还要善于利用关键资源的杠杆效应,完成自己创业的目的。其实,大公司也不只是一味地积累资源,它们更擅长资源互换,进行资源结构更新和调整,积累战略性资源,这是创业者需要学习的经验。

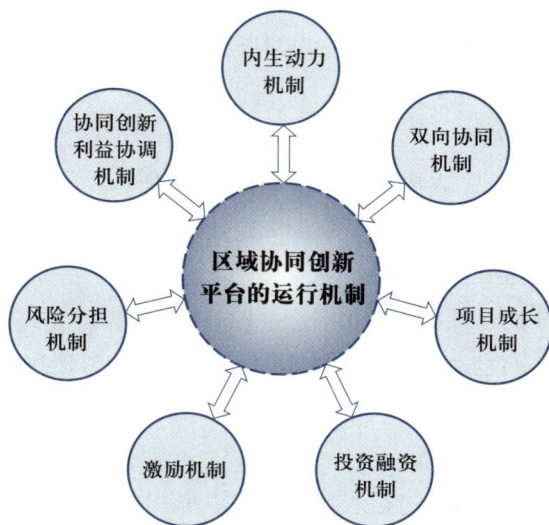

图 7-2 资源整合利益机制

让我们通过一段视频，看看利郎集团是如何借助"互联网＋"实现资源整合的。

借助"互联网＋"实现资源整合

点拨：利郎集团的成功做法告诉我们，资源整合是一门学问，是一种解决问题的途径，创业者能否成功地开发出机会，进而推动创业活动向前发展，通常取决于他们能掌握和整合到的资源，以及对资源的利用能力。

【好学深思】

大学生应整合创业资源、把握创业机会?

随着社会的进步和发展，越来越多的大学生开始有意识地关注创业。然而，创业不仅需要创业者具备一定的能力和素质，还需要整合创业资源，方能更好地把握创业机会。

加强创业教育培训

大学生在校期间可以通过参加创业培训班、创业课程和实践活动，提升自己的创业能力和素质。创业教育可以帮助他们了解创业的基本知识、技能和实践经验，提供必要的支持和指导。

利用校内资源

大学校园内有丰富的创业资源可以利用，如创业孵化器、创客空间、创业导师

199

等。大学生可以积极利用这些资源,并与学长、教授和企业合作伙伴建立联系,获取创业指导和合作机会。

寻找外部创业资源

除了校园内的资源,大学生还可以主动寻找外部创业资源。大学生可以通过参加"双创"大赛、创业活动,或者与专业机构、投资者、企业家等建立联系,获得更多的创业机会和资源支持。

建立创业网络

大学生可以通过参加创业协会、加入创业社群或创建创业团队等方式,与其他创业者分享经验、资源和机会。这种创业网络可以提供创新创业的新思路、合作伙伴和市场机会。

综上所述,大学生整合创业资源的方法可以帮助其更好地把握创业机会,实现创业梦想。

【各抒己见】

作为一名大学生创业者,我们应该如何有效整合身边的资源呢?

- 学生小萌:大学生创业可用的资源少得可怜,何谈整合!
- 学生小艾:大学生创业最匮乏的就是资金了,如果融不到资金,那么什么也做不了。
- 学生小昕:我们需要先分析现有资源,再分析自身优势和资源储备的不足,最后整合并利用已有资源,把劣势变成优势。
- 学生小叶:大学生创业者资源有限,要想稳健、成熟地发展,就必须眼观六路,耳听八方,步步为营。

点评:

小萌和小艾对资源整合的认识比较狭隘,创业者早期获取与利用资源的能力相对较弱,而优秀的创业者在创业过程中创造性地整合和运用资源是创业成功的基本技能之一。

小昕和小叶对资源整合的认识相对而言比较全面,充分地分析现有资源,善于整合和利用并在过程中不断积累与调整,在成功创业的道路一定能收到事半功倍的效果。

第五讲　理清创业的思路——创业计划认知

一位投资家曾说:"如果你想踏踏实实地开创一份自己的事业,那么请写一份创业计划。它能迫使你进行系统的思考。有些创意听起来很棒,但当你把所有的细节和数据写下来的时候,自己就崩溃了。"对于创业新手来说,制订创业计划是创业之前必不可少的一个流程。

你知道创业计划包括哪些内容吗?

【他山之石】

有四只毛毛虫,它们都很喜欢吃苹果。第一只毛毛虫跟着大家来到苹果树前,它根本就不知道这是苹果树,稀里糊涂地跟着往上爬,没有目的,不知终点,结果可想而知。第二只毛毛虫清楚自己的目标,它看到苹果树就努力地爬上去,遇到分支就选择较粗的树枝继续爬,最后找到的苹果却是全树上最小的苹果。第三只毛毛虫知道自己想要的是大苹果,并制订了一个完美的计划,但是当它抵达时,苹果已因熟透而烂掉了。第四只毛毛虫做事有自己的规划,它的目标是一朵含苞待放的苹果花,它计划好了自己的行程,结果如愿以偿,得到了一个又大又甜的苹果,从此过上了幸福快乐的日子。

【学无止境】

1. 创业计划的定义

创业计划是创业者计划创立业务而制订的书面摘要文件。它是对构建一个企业的基本思想及与企业创建有关的各种事项进行总体安排的文件,从企业的产品、营销、市场、人员、制度、管理等各个方面对即将创建的企业进行可行性分析。

2. 创业计划的内容

创业计划包含创业定位、营销计划、财务计划、组织管理等,还要描述创办一个新企业时所有相关的内外部环境条件和要素。因此,创业计划又被称为商业计划。创业计划是创业者叩响投资者大门的"敲门砖",一份优秀的创业计划往往会使创业者达到事半功倍的效果。创业计划主要回答三个问题:我们现在在哪里、我们将去哪里、我们如何到达那里。

(1)一个标准的创业计划能帮助创业者理清思路,做出正确的评价。创业计划首先是给创业者自己看的。创业者应该以认真的态度提出一个初步的行动计划,详尽地分析自己拥有的资源、市场情况和初步的竞争策略,做到心中有数。通过制订创业计划,逐条推敲正反理由,创业者就能更加清晰地认识创业项目。

(2)一个标准的创业计划能帮助创业者凝聚人心,有效管理。一份完美的创业计划可以增强创业者的自信,使得创业者在创业实践中有章可循,更容易控制企业,企业的经营也更有把握。它描绘了新创企业的发展前景和成长潜力,并明确了要从事的项目和活动,使管理层和员工了解将要充当的角色与完成的工作,以及自己能否胜任这些工作,从而对企业及个人的未来充满信心。

(3)一个标准的创业计划能帮助创业者对外宣传,获得融资。创业计划向风险投资商、银行、客户和供应商等宣传拟建的企业及其经营方式,包括企业的产品、营销、市场、人员、制度、管理等各个方面。一份优秀的创业计划不但能增强创业者的信心,而且能增强投资者对创业者的信心,而这些信心正是企业走向创业成功的基础。

创业计划作为创业行为的计划性、先导性的存在,其作用尤为重要,因此创业新手们一定要认真、谨慎地制订创业计划。

让我们通过一段视频,思考电视剧《你好乔安》中倪好的创业计划的可行性。

创业计划不能是一时兴起

点拨:很明显,倪好的创业计划有些随意,作为一名创业者,首先应该明确目的地,即要选择好道路。制订一份创业计划能帮助创业者很好地明确和澄清问题。

【好学深思】

如何编制一份合格的创业计划书?

创业计划书为创业者提供了清晰的方向指引。它犹如一张地图,让创业者明确知道自己的方向,每步该如何迈进。没有创业计划书,创业者可能会在迷茫中徘徊,浪费宝贵的时间和精力。同时,通过全面评估项目的可行性,创业计划书能帮助创业者提前洞察可能遇到的问题和风险,做好应对准备,避免陷入困境时措手不及。无论是投资者还是合作伙伴,都希望看到一份详细、合理且富有潜力的创业计划书,从而更有信心投入其中。此外,创业计划书能在团队内部形成共识,增强凝聚力和行动力,让大家为了共同的目标而努力奋斗。那么,如何编制一份合格的创业计划书呢?

首先,要进行深入而广泛的调研,只有对市场动态、行业趋势、竞争对手有了深刻的理解,才能为编制创业计划书奠定坚实的基础;明确具体且可实现的目标,这是整个创业计划书的核心;详细阐述产品或服务的独特之处、价值所在,让其优势一目了然。其次,要对市场进行精准分析,包括目标客户群体的细分、市场规模的预测等,制定具有针对性的营销策略,确保产品或服务能够有效触达客户;在运营管理方面,要精心设计组织架构和流程,确保高效运作;财务规划更是重中之重,细致的成本预算、收益预测和资金需求分析必不可少;不能忽视风险评估,对可能出现的风险要有充分的认识,并准备好应对策略。最后,要保持不断优化的态度,随着实际情况的变化及时调整和完善创业计划书。

创业计划书是创业成功的重要基石,只有认真对待并精心打造,才能开启充满希望的创业之旅。

【各抒己见】

下面看看小伙伴们是如何认识创业计划的。

- 学生小萌:计划不如变化快,大学生创业不需要计划。
- 学生小艾:创业计划一旦制订,就要严格执行,在行动中不能更改。
- 学生小昕:制订创业计划一定要弄明白我想做什么、社会需要什么、我有什么。
- 学生小叶:创业计划越详尽越好,只有这样才能轻松应对后期出现的一些突发状况。

点评:

小萌做事缺乏规划,如果没有想清楚,则无法进行创业。小艾太教条,如果遇事不能变通,则创业计划可能会成为束缚。创业计划就是创业的战略设计和现实指导,大学生经验少,更需要周密的创业计划帮助理清思路,规避风险。

小昕和小叶对创业计划的认识准确,通过规划企业愿景并制订计划,可以理清创业思路、设定创业目标,为创业中可能会遇到的问题提供对策,以利于在今后的创业中更好地把握方向。

第六讲　创业航向我掌舵——创业计划书的编制

多少人想自主创业,梦想却直接夭折在了前期缺少资金或中途无创业方向上。但是你知道吗?没资金可以找投资人,找投资人需要好的项目,有了好的项目还要有项目详情,也就是创业计划书。因此,创业计划书对创业者来说有着不言而喻的重要性。

你知道编制创业计划书有哪些要领吗?

【他山之石】

四川大学 UP 创业团队凭借《食用菌废弃物循环利用项目计划书》一举夺得全国大学生创业金奖,并由此获得 2 200 万元的风险投资。

UP 创业团队创建后,他们浏览了大量的科技网站,跑遍了成都各大科研院所,最后在四川大学国家大学科技园选择了"食用菌废弃物循环利用项目",于是,这些来自医药企业管理专业、市场营销专业、卫生检验专业等的学生开始编制第一份创业计划书。

他们把握了创业计划书的撰写要领,包括出色的计划摘要、关注产品、了解市场、表明行动的方针、展示管理队伍、敢于竞争的决心等,经过两个月的精心准备,UP 创业团队的《食用菌废弃物循环利用项目计划书》首先获得了四川大学"学生课外学术科技节——挑战杯创业计划竞赛"的一等奖。然后,他们又被四川大学选送到全省的创业计划竞赛,获得了银奖。最后,在第五届"挑战杯"中国大学生创业计划竞赛上,UP 创业团队再次获得金奖。

【学无止境】

1. 摘要

首先,摘要一般要包括公司介绍、主要产品和业务范围、市场概况、营销策略、销售计划、生产管理计划、管理者及其组织、财务计划、资金需求状况等。在介绍企业时,要说明创办企业的思路、新思想的形成过程,以及企业的目标和发展战略。

其次,摘要要交代企业现状、过去的背景和企业的经营范围。

最后,摘要要介绍创业者的背景、经历、经验和特长等。在这里,创业者应尽量突出自己的优点并表示自己强烈的进取精神,要给风险投资家这样的印象:这个公司将会成为行业中的巨人,我已等不及要去读创业计划书的其余部分了。

2. 产品和服务介绍

在产品和服务介绍部分,创业者要对产品和服务做出详细的说明,说明既要准确,又要通俗易懂,使非专业的投资者也能明白。产品和服务介绍部分应该重点说明产品的盈利能力、典型客户、同类产品比较等内容。

3. 市场与竞争分析

创业计划书要给投资者提供企业对目标市场的深入分析和理解。要细致分析经济、地理、职业及心理等因素对消费者选择购买本企业产品这一行为的影响,以及各个因素所起的作用,还要细致分析竞争对手的情况。创业计划书要使它的读者相信,本企业不仅是行业中的有力竞争者,将来还会是确定行业标准的领先者。

4. 战略规划与实施计划

在战略规划与实施计划部分,我们要着力举证为了实现战略目标而在团队、资金、资源、渠道、合作各方面的配置。成功的创业者必须了解市场、重视顾客关系,并且能提出有效提升顾客满意度的方案。

5. 管理团队介绍

即使再好的计划,若没有执行能力强大的团队,则也可能沦为美丽的泡影。对于初创企业,人的因素尤为重要。因此,创业者需要认真考虑创业团队,并在创业计划书中很好地描述出来。

6. 财务预测与融资方案

许多创业者在技术方面是专家,而对于财务和融资却是"门外汉"。因此,创业者除借助内部财务人员和财务预测软件的帮助外,还可以尝试寻求专业人士的帮助。一份详细、合理的资金使用计划能很好地减少投资人的顾虑。

7. 风险分析

风险分析要说明各种潜在的风险,向投资者展示针对风险的规避措施。对投资者而言,风险并不可怕,可怕的是那些对于风险盲目乐观或根本无视风险存在的创业者。因此,对风险管理"避重就轻"的做法并不可取。

让我们通过一段视频,看看创业计划书在获得风险投资时的作用。

获得风投的
密钥

点拨:这是电视剧《创业时代》中的片段,郭鑫年带领他的团队编制创业计划书。作为创业者,学会编制创业计划书,以一个良好的心态建立一个合作的团队,完成第一个挑战并获得风险投资,这样的创业才能拥有一个良好的开端。

【好学深思】

优质的创业计划书具有哪些特点?

优质的创业计划书应着重体现严谨性、全面性和实效性,其特点具体表现在以下几个方面。

全面性与系统性

优质的创业计划书须对企业运营的各个环节进行全面且系统化的描述,涵盖市场状况的深度分析、竞争对手的细致评估、产品定位的明确阐述、市场营销计划的精细规划及财务预算的精确制定。各部分内容应设有清晰的标题与流程,确保读者能够系统而有序地了解企业的整体情况。

创新性与独特性

优质的创业计划书须凸显企业的独特价值与创新精神,明确展示企业与竞争对手的差异化优势。创业者应在创业计划书中充分展现其创新思维与独特能力,使投资者对企业的发展潜力产生充分的信心。

可行性与可持续性

优质的创业计划书应对企业的发展前景与计划可行性进行深入分析和预测。创业者应详细阐述企业的盈利模式与财务预算,明确展示企业的可持续发展路径,以增强投资者对企业未来发展的信心。

专业性与客观性

优质的创业计划书应保持简明扼要的表述,严格遵守商业文书的格式要求,避免冗长与主观的叙述。创业者应以客观的态度分析市场前景与竞争对手,充分展现其专业素养与能力,使读者对企业的发展潜力产生信任。

实施性与执行性

优质的创业计划书不仅仅是理念的集合,更应具备实际的实施性与执行性。创业者须明确阐述企业的发展规划与执行步骤,明确各部门的职责与工作流程,确保团队能够按照创业计划书的要求有序推进企业的发展。

综上所述,一份优质的创业计划书应具备全面性与系统性、创新性与独特性、可行性与可持续性、专业性与客观性、实施性与执行性等特点,能够清晰展示企业的使命与愿景,详细描述其业务模式、市场定位、竞争优势与运营计划,使投资者对企业的发展潜力产生充分的信心并愿意进行投资。

【各抒己见】

下面看看小伙伴们是如何认识创业计划书的。

● 学生小萌:创业计划书只是我们融资的工具,差不多就行了。

● 学生小艾:创业计划书有固定的模式,必须包括全部内容。

● 学生小昕:在编制创业计划书之前,创业者首先要梳理思路,为创业设定目标和价值观念。

● 学生小叶:创业计划书不仅仅要将创业资源完整展示出来,更要呈现出具体的竞争优势。

点评:

小萌和小艾对创业计划书的认识比较狭隘,创业计划书不仅能帮助我们理清思路、准确定位,还是我们融资的工具。但是创业内容不同,相互之间的差异就很大,并非所有的创业计划书都要统一内容。

小昕和小叶对创业计划书的认识相对而言比较全面,创业计划书涉及内容较多,编制之前必须进行充分的准备和周密的安排。

第七讲　创业项目我代言——创业路演的呈现

　　"大众创业、万众创新"造就了一个百家争鸣的时代,也呈现了创业路演天天上演的时代。创业路演是一件非常重要的事情,一旦获得投资人的青睐,就能帮助你的公司腾飞;相反,如果创业路演不成功,你的创业想法可能就永远无法实现。

　　你知道如何做一场让投资者无法拒绝的创业路演吗?

【他山之石】

　　智能健康管理系统是一个基于人工智能和大数据技术的健康管理系统,旨在为用户提供个性化的健康管理方案。该系统通过收集用户的健康数据,如饮食、运动、睡眠等,进行分析和评估,并提供相应的健康建议和计划。

　　智能健康管理系统项目在路演过程中存在以下亮点。一是创新的技术应用:项目团队展示了如何将人工智能和大数据技术应用于健康管理领域,为用户提供更加精准和个性化的服务。二是清晰的商业模式:团队对项目的商业模式进行了详细的阐述,包括盈利模式、市场定位、营销策略等,让评委和观众对项目的商业可行性有了更深入的了解。三是强大的团队背景:团队成员来自不同的专业领域,具备丰富的技术和管理经验,这为项目的成功实施提供了有力的保障。第四,生动的演示和讲解:在路演过程中,团队通过 PPT、视频等多种方式进行演示,使评委和观众能够更直观地了解项目的功能和特点。这些亮点是创业路演成功的关键因素。

　　一场成功路演的基本要素包括:清晰有力地阐述项目的核心价值、商业模式、市场前景等关键信息;明确展示项目的独特之处和竞争优势,让投资者眼前一亮;通过翔实的数据和分析,呈现出项目所针对市场的巨大潜力和增长空间;让投资者通过创业计划相信项目具有可持续发展的能力;展示优秀团队,积极回应提问,坦诚面对可能存在的风险,并展示相应的应对策略。

【学无止境】

1. 创业路演的定义

"路演"是个舶来词,原指一切在马路上进行的演示活动,也有人把它称作"陆演",实指一切在陆地上的演说。创业路演是创业者向他人推荐公司、团队、产品及想法的一种方式。

很多时候,为了创业项目的推广和融资,需要在很多场合做项目展示,创业路演是最主要的展示方式之一。创业路演指企业代表在讲台上向台下众多的投资者讲解自己的企业产品发展规划、融资计划。创业路演一般只有短短几分钟,而创业者的项目往往包含大量的信息,因此必须有一些针对演讲的战术策略,从而使得项目得到最大限度的展示。

2. 创业路演的要诀

(1)选择卖点。在进行创业路演之前,有的创业者针对自己的产品项目总结出来了"十大卖点",然后训练自己在 5 分钟之内将这"10 大卖点"讲完。这样做的结果就是投资者一个卖点都记不住。

按照人的思维模式和记忆方式,如果只讲 1 ~ 3 个卖点,则投资者基本上都能记住;如果讲 5 ~ 7 个卖点,则投资者会记住 2 ~ 3 个;如果讲 7 个以上的卖点,则投资者可能会把所有卖点都忘光。因此,当你把"十大卖点"都总结出来之后,一定要有所取舍。一般来说,根据参加创业路演投资人的情况,讲清楚 3 ~ 5 个卖点就够了。

(2)再做"减法"。事实上,在 5 分钟的时间里面讲清楚 5 个卖点也不容易,因此还需要再做"减法"。对于那 5 个很重要的卖点,我们可以作如下筛选。

① 不说投资者也知道的卖点和常识,那就尽量少讲,节省时间。

② 不说投资者就不知道,但是卖点十分关键,那就要主动讲。

③ 不是两句话能讲清楚的卖点,那就先只讲结论,等他提问时再细说。

④ 有些涉及敏感信息、台上不方便说的卖点,有兴趣的话可在台下交流。

经过筛选之后,5 个"很重要"的卖点只剩下 2 ~ 3 个必须在前 5 分钟讲清楚的,剩下的等待投资人提问时再从容应对。这样一来,整个创业路演的时间就能够合理分配了。

(3)学会引导投资人提问的方向。选择性不讲某些卖点的时候,可以分析出这些卖点是不是投资者感兴趣的。如果感兴趣,则我们可以在展示时少讲,在问答时再从容展示。这样创业路演项目就会从容不迫了。

（4）对常见问题要提前备课。创业路演经验丰富的人，几乎可以提前预判出投资者 80% 会提的问题。在创业路演现场要靠机智回答好投资者的问题是很难的，需要就常见的问题提前备课。投资者的提问一般包括四个方面：关于公司整体运营方面；关于产品或服务方面；关于市场或推广方面；关于财务方面。

优秀的项目演绎能力是优秀创业者必备的能力；多总结，多练习，多进行头脑风暴，越尖锐的挑战，就是越有价值的历练。

- -

让我们通过一段视频，感受什么样的路演才算得上成功。

优秀创业者
的路演风采

点拨：对于大学生创业者而言，路演不仅是展示项目、获取资源的重要途径，更是提升自身专业素养、增强项目竞争力的关键环节。

【好学深思】

成功路演还有哪些注意事项？

首先，要明确阐述你的产品或服务能为用户带来什么独特的价值。例如，青年菜君（主打 O2O 模式的网上卖菜服务平台）在路演中提到"帮你把菜洗好、切好、搭配好，前一天晚上你在我们的平台下单，第二天在你回家路上的地铁口附近取货带回家，直接就可以炒了"，直接展示了产品的便利性和实用性。

其次，要展示你的市场潜力。用数据和事实来证明你的产品或服务有足够的市场需求和增长空间。例如，在路演中可以分享市场调研结果、用户反馈、竞争对手分析等。介绍你的团队成员的背景、经验和技能，强调团队的优势和互补性。投资者通常更愿意投资于有实力的团队。

再次，要提供令人信服的计划方案。详细说明你的产品或服务是如何解决用户的痛点或问题的，以及为什么你的解决方案是独特和有效的。可以通过案例分析、产品演示等方式来增强说服力。同时制定合理的商业模式，确保你的商业模式是可持续和有竞争力的。

【各抒己见】

下面看看小伙伴们是如何认识创业路演的。

- 学生小萌：优秀的创业路演需要的是优秀的语言表达能力，这是天生的。
- 学生小艾：牢牢记住创业路演的战术策略，就差不多了。
- 学生小昕：短时间内可以突击创业路演技巧，但要达到高水平还需要长时间的积累和训练。
- 学生小叶：多总结，多练习，参加创业类大赛实战演练应该可以提高创业路演能力。

点评：

小萌和小艾对创业路演的认识不够全面，创业路演是创业计划书的展示，的确需要优秀的语言表达能力，但是可以通过多说、多练来提高，单纯靠战术策略的死记硬背不能够达到提高创业路演能力的目的。

小昕和小叶对创业路演的认识相对而言比较全面，作为在校大学生创业者，就是要多总结、多练习等，只有经过长时间的积累和训练才能够提高创业路演能力，参加创业大赛实战演练是一条捷径。

≫ 百炼成钢

实训：错位的点

- 实训场地：教室空地。
- 游戏人数：6人。
- 游戏准备：绘有空白三角形的白纸、直尺和笔。
- 游戏规则：给学生一张白纸，上面已绘有一个空白的三角形。请大家在三角形的顶部与底部的正中间位置画一个点。然后展示一张正确的样张，请大家用直尺来核对自己所画的正确性。
- 游戏小结：我们每个人在看事情的时候都会受到很多因素的影响，无论是心理层面的还是生理层面的，理智的还是不理智的，这些影响都会让我们的判断发生偏差。如何挣脱现有思想、概念的束缚去看待问题，是我们充分发挥想象力的关键。只有挣脱了旧的思想束缚,才可能想出更多、更好的主意,而不会因为惰性停滞不前。这就是为什么新人往往容易做出成绩的原因。在创业的过程中,希望大家能够排除一切干扰,充分发挥想象力和创造力,整合现有资源,无限使用有限的资源,唯此方能离成功更进一步。

》 见贤思齐

刘光耀:休学才子上演融资奇迹

2017 年下半年,"95 后"的刘光耀决定从清华大学休学,用 30 万元启动资金创立无性别服饰品牌 bosie。

工厂很快搭建起来,刘光耀雇到了十几个工人,车间虽然简陋,却也很快运行起来。但由于社会阅历和行业经验不足,刘光耀在供应链和销售上踩了不少坑,最困难的时候连工资都发不出来。

2019 年,bosie 的订单量高速增长,月销售额从二三十万元翻倍至几百万元。2021 年,bosie 的年营业额达到 7 亿元,跃至国内无性别服饰细分赛道的头部。目前,成立将近 5 年的 bosie 一共融资 7 轮,累计融资 4 亿元,背后投资者有真格基金、五源资本、金沙江创业投资等机构。2021 年 9 月,B 站(哔哩哔哩)也成为 bosie 的投资者之一,这是 B 站首次投资一家服装品牌。

刘光耀希望把 bosie 做成中国自产自销的品牌,但理想与现实之间存在许多碰撞。bosie 作为国产大众时尚品牌,一方面要跟国外快时尚巨头抢市场,另一方面要警惕其他无性别国产服装品牌的围剿。除了行业竞争,国内消费下行、消费品牌融资遇冷,是 bosie 眼下面对的考验。

为了融资,刘光耀吃了无数闭门羹。最早的一笔种子资金,是大学的一个师兄投的 70 万元。不只是融资,早期找员工也同样困难,刘光耀甚至在面试时被应聘者质疑是不是骗子。公司稍微有了点规模后,刘光耀又面临更复杂的管理难题。

供应链的坑更是让创业早期的刘光耀难以招架。2019 年 4 月,bosie 的订单开始大量增长,但产能开始跟不上,顾客投诉明显变多,口碑下滑。一直到 2021 年,积累了足够行业资源,也有大量稳定的订单后,bosie 建立起能够长期合作的供应链。

bosie 的增长转折点在 2018 年 5 月,5 月的销售额只有 20 多万元,但到了 6 月就增至百万元。刘光耀把这种增长归结于 bosie 的产品力。在 bosie 成立初期,团队仅有 10 个人,有 7 个人是做产品研发的,包括设计师、版师、样衣师。如今,bosie 的设计师团队达 50 余人。

但当刘光耀完整经历了新消费品牌从无人问津到被资本追捧、再到重新遇冷的周期后,他才意识到除了产品力,品牌发展和大环境也紧密相关。

2022 年算是刘光耀和 bosie 的第二个转折点。彼时他租下了一层 5 000 平方米的办公室,bosie 员工仅有 200 余人,按人均面积来算,每人一个办公室都足够了。刘光耀搬办公场地的初衷是想要大干一场,按照未来三到五年上市的标准去组建团队。

在某种程度上,刘光耀可以作为一个研究"95 后"创业者独特性的样本。原来的他更急于求成,想在 30 岁之前把 bosie 做到 30 亿元至 50 亿元的规模,但现在他更想向内求、修内功。

在拿到硕士学位之后,刘光耀还申请了北京大学光华管理学院的管理学博士,并顺利拿到通过的 offer。作为年轻的 CEO,他将公司和员工的关系形容成"平等的深度合作关系",并认为 CEO 最重要的不是管理,而是具有整合资源、整合人才的能力,并且能够利用整合能力去赋能员工。

刘光耀认为,"95"后创业者最核心的竞争力在于他们有着比过去任何一代企业家都更广阔的视野。"即便一个 15 岁的小朋友,他也会通过互联网知道比特币,知道美国好莱坞有哪些影星,也能看到各大国际品牌的大秀。信息的泛滥虽然增加了筛选难度,但也为那些有判断力的年轻创业者提供了一个广阔视角,这是过去任何一代人都没有的机会。"刘光耀说:"如何在信息的广度中找到自我的深度,才是我们这一代创业者最需要关心的问题。"

模块八
自主创办企业

≫ 行成于思

　　"大众创业、万众创新"的口号响彻神州大地，全民创业的热情被激发，其中更少不了意气风发的大学生。有人说，当你决定要创业时，便意味着没有了稳定的收入，没有了请假的权利。但创业更意味着，收入不再受限制，时间运用更加有效。

　　创业者创办自己的企业，同时期望自己的努力可以迅速得到回报。然而一个新企业就像一个新生儿，从孕育到成长成熟，最终到瓜熟蒂落，所需要的条件、过程、准备都至关重要。从创业之前、创业之初到企业规模不断发展，都是创业者凭借智慧和勇气，不断寻找出每个阶段的关键点并迅速突破的过程。《左传·曹刿论战》有云：一鼓作气，再而衰，三而竭。开办企业同样讲究这个道理。

　　通过本模块的学习，你将能够：了解企业应履行的社会责任；理解新企业生存管理的原则；掌握企业命名、企业选址、企业注册等技巧。

第一讲　鞋子要穿合脚的——企业组织形式选择

对创业者而言,选择一个合适的企业组织形式非常重要,因为这不仅关系到企业的注册流程、企业纳税金额、创业者个人须承担的责任、创业者的融资行为等,还在一定程度上决定了企业未来的走向。

你知道企业组织形式有哪些吗?它们各有怎样的特点?

【他山之石】

我们常说有限责任公司与个人独资企业,它们在税务筹划上的可操作空间差距很大,个人独资企业通过一些运作方式可节税高达95%。因此不管是对大企业还是对股东、自由职业者等高收入人群而言,个人独资企业都是一种很好的税务筹划工具。

举例子,某文化公司为一般纳税人,今年营业额为400万元,费用为100万元,利润为300万元,企业所得税税率为25%,个人所得税税率为20%,则需要交企业所得税为(400-100)万元 × 25%=75万元。股东分红个税为(300-75)万元 ×20%=45万元,则需要交所得税共计120万元。若该文化公司通过税收筹划,在营业收入相同的情况下,则仅需要缴纳个人所得税3.6万元,相较于公司制节税116.4万元,节税力度超95%。

【学无止境】

1. 独资企业

独资企业也被称作"单人业主制",是指由一个自然人出资创立,其财产与经营权归个人所有和控制的企业。独资企业结构简单,成本耗费低,受限小,自由度高。在不违反法律的情况下,经营者可按照个人喜好方式经营,自负盈亏,无须缴纳企业所得税。但受自身条件限制,独资企业通常较难获得大额投资,其规模与寿命相对有限,而且企业所有人须对企业负无限责任,也就是说当企业资产不足以抵偿债务时,须以企业所有人个人财产甚至家庭财产偿还债务。

217

2. 合伙企业

合伙企业是指由两人或两人以上联合出资经营的企业。合伙企业与独资企业类似,创办手续简单,成本低,受限小,一般无法人资格,无须缴纳企业所得税。同时,合伙人须共担风险,共负盈亏,共同享有企业的财产与经营权。此外,合伙企业也须对企业负无限责任,这虽然增大了个人风险,但非常有利于刺激合伙人的责任心和增强合伙人之间的信任。

3. 公司

公司是指依法建立,具有独立法人财产,以营利为目的的企业法人。相对于其他两类企业组织形式,公司存续时间长,稳定性高,易集资,所有权变更简单,经营者与股东对公司负有限责任。但公司也具有一定的局限性。例如,双重负税(企业所得税、企业个人所得税);所有权与经营权分离,易起内部矛盾;保密性弱,营业状况必须向社会公开。

按《中华人民共和国公司法》,公司分为"有限责任公司"和"股份有限公司"两大类。"有限责任公司"是股东以其出资额为限对公司承担责任,而公司以其全部资产对公司的债务承担责任。"股份有限公司"则是将所有资本分成等额股份,股东以其所持股份为限对公司承担责任,而公司以其全部资产对公司的债务承担责任。

综上所述,对创业者来说,合伙是最好的起家形式。但是合伙企业发展到一定时期,易发生经济纠纷。

让我们通过一段视频,了解事件中的企业合伙人因何引起纠纷。

合伙企业应
警惕经济纠纷

点拨:视频中的两个好朋友因经营纠纷而大打出手,最后不但生意做不成,而且连朋友也没得做了。因此,在合伙企业成立时,合伙人应首先签订合伙协议,其与公司章程相同,对每位合伙人都具有法律效力。同时,创业者还需要居安思危,了解更多与企业相关的法律知识,防范风险。

【好学深思】

中国私募股权如何演绎组织形式之争？

关于什么样的组织形式最适合我国私募股权（Private Equity, PE）市场发展的争论在业界持续升温：一部分专家认为，有限合伙制私募股权能够最大效率地平衡普通合伙人（General Partner, GP）和有限合伙人（Limited Partner, LP）之间的风险及收益，将成为我国私募股权基金发展的趋势；另一部分专家却认为，从当前我国的税制条件和政策倾向上看，公司制私募股权更容易获得支持，因此，在较长的一段时间内，公司制私募股权将是市场的主流。

分析人士认为，某种组织形式能否成为市场主流，需要市场来决定，其中，税收往往是决定哪种制度占优的最关键因素之一。因为对私募股权基金管理者来说，"节税"因素将通过"杠杆效应"成倍地反映在其收益中。因此，哪种组织形式获得的税收优惠多，基金管理者将倾向于这种组织形式，发展也会更快。

2007 年开始实施的《中华人民共和国合伙企业法》（以下简称《合伙企业法》）被视为中国私募股权的一项制度性变革，这项法律正式明确了有限合伙的法律实体地位，为私募股权采取有限合伙形式提供了法律依据。在这项法律出台之后，一些私募股权机构开始尝试在国内设立有限合伙制私募股权。

此前，由于有限合伙形式在原有《合伙企业法》缺位，国内的风险投资基金主要通过在开曼群岛、英属维京群岛、百慕大等离岸中心设立有限合伙企业。

北京大学金融与产业发展研究中心主任何小锋是有限合伙制私募股权机构的倡导者之一。他认为，有限合伙制是私募股权机构组织方式的"国际惯例"，原因在于两个方面。一方面，有限合伙制解决了双重征税的问题；另一方面，有限合伙制能够有效和灵活地激励私募股权基金管理者，构建一个"适者生存"的私募股权市场生态圈。

根据《合伙企业法》的规定，"合伙企业的生产经营所得和其他所得，按照国家有关税收规定，由合伙人分别缴纳所得税"。这一规定明确合伙企业不作为独立的所得税纳税主体，将合伙企业所应缴纳的税收缓解后置到各个合伙人层面，这将有利于不同税负水平的企业进行合作。例如，类似社保基金这样的免税主体，如果投资到有限合伙制私募股权，则将获得按投资协议分配的全部收益；而如果投资到公司制私募股权，则在分配之前就需要扣除私募股权机构本身的所得税。

另外，有限合伙制私募股权在收益分配上很灵活。例如，按照惯例，有限合伙制私募股权可以在合伙人之间的协议中约定收益分配方式,基金管理者可以获得基金利润的一定份额(一般是 20%),以作为管理分红。当然在很多情况下,投资者会要求当投资利润超过一定水平(一般为 8%)之后,再计算管理分红。

分析人士认为,合伙制的优势还在私募股权基金资金募集和退出可操作性上体现出来。一方面,合伙人可以通过承诺和分期认缴基金出资完成风险投资基金的资金募集,避免资金的浪费;另一方面,合伙人可以直接将基金权益账户中的资金退出,这种操作性良好的资金募集和退出的运作方式能够有效提高风险投资基金的运营效率。

有限合伙制私募股权是个"直肠子",何小锋说,有限合伙制私募股权不能留存利润,其投资收益都要向投资人分配。

"有限合伙制按照契约的规定有一个经营期限,一般为 7 到 10 年,这种不能永续经营性也正是它的一大优势",何小锋说,这可以为市场提供一个简单可行的淘汰机制,如果管理者不能经营好一个合伙制的基金,它就会被市场淘汰。

【各抒己见】

下面看看小伙伴们是如何认识企业组织形式的。

- 学生小萌:对于大学生创业而言,企业组织形式的选择就没有这么重要了。
- 学生小艾:根据案例分析,个人独资企业就是最好的企业组织形式。
- 学生小昕:选择企业组织形式之前要先了解各种企业组织形式的法律规定和优缺点。
- 学生小叶:企业组织形式没有绝对的优劣之分,适合自己的就是最好的。

点评:

在创业初期,创业者所能吸引的资本有限,在选择企业组织形式时更应该对各种因素进行综合把握,就像小昕和小叶说的那样,适合自己的就是最好的。

小萌和小艾还要进一步了解企业组织形式的影响因素,在企业组织形式的选择上做到综合考量、准确判断,只有这样,在创业过程中才能从容应对各种法律问题。

第二讲　市场未动名先行——企业命名

企业名称对消费者的选择是有直接影响的,因此每位企业家都会精心设计自己企业的名称。一位企业家曾说过:"取一个响亮的名字,以便引起顾客美好的联想,提高产品的知名度与竞争力。"

你知道一个好的企业名称应具备哪些元素吗?

【他山之石】

"金利来,男人的世界"已经成为家喻户晓的一句广告词。金利来公司最初的英文商标是"Goldlion",中文商标是"金狮"。一次金利来(远东)有限公司的董事长曾宪梓将两条上等的"金狮"领带送给一个亲戚,结果亲戚不高兴地说:"我才不戴你的领带,尽输,尽输,什么都输掉了。"原来,粤语的"狮"与"输"读音相同。于是曾宪梓彻夜未眠,绞尽脑汁想出一个万全之策:将"金狮"的英文用音译与意译相结合的方法,演变成新的名字,即把"gold"意译为"金",把"lion"音译为"利来",合称"金利来"。

金利来采用意译加音译的命名技巧,把"尽输"变成了"利来",既符合中国人的文化心理,又保持了名称原有的风格和稳定性,曾宪梓以"金利来"这个名字创造了一个"男人的世界"。

【学无止境】

1. 行政区划

行政区划指的就是该企业所在地县级以上行政区划的名称或地名。但并不是所有的企业名称都包括行政区划。例如,国务院批准的企业,在国家市场监督管理总局登记注册的企业,外商投资企业,注册资本(或注册资金)不少于 5 000 万元人民币的企业,历史悠久、字号驰名的企业,依法可以使用"中国""中华""国际"等字样的企业,以及国家市场监督管理总局另有规定的企业,它们的名称是可以不冠以企业所在地行政区划名称的。

221

2. 字号

字号就是人们一般所说的公司的名字,是构成企业名称的核心要素,能够使人们把此公司与彼公司区别开来。一个内涵丰富、魅力四射的名字必然为企业的业务开展增光添彩。因此,企业一般选择寓意好、有特色、易传播的企业字号。企业字号的取名方法有很多,常用的有:以经营者本人的名字命名;以经营团队命名;结合汉字原理命名;以地域文化及五行学说命名;以典故、诗词、历史轶事命名;以英文的谐音命名;等等。例如,生产指甲钳的"广东非常小器有限公司",其字号就很幽默形象、好记,并且朗朗上口。

良好的商业信誉给企业带来的经济效益无形地转移到企业字号上,并形成品牌,会产生极高的商业价值。因此,企业名称中最显著的、最有价值的部分就是字号。

3. 行业特征

一般来说,企业应根据自己的经营范围或经营方式确定企业名称中表明行业或经营特点的字词。企业可以依照国家行业分类标准划分的类别使用一个具体的行业名称,也可以使用概括性字词,但不能明示或暗示有超越其经营范围的业务。

4. 组织形式

企业应当根据其组织结构或者法律形式,在企业名称中标明组织形式。企业名称中标明的组织形式,必须要符合国家法律、法规的规定。例如,有限责任公司或股份有限公司企业名称中的组织形式必须标明"有限责任公司"或"股份有限公司"字词。合伙企业、个人独资企业和个体工商户在其名称中不得使用"有限"或者"有限责任"字样。

综上,企业名称由四个基本要素构成:行政区划、字号、行业特征、组织形式。例如,东营森澜机电设备有限公司,东营是行政区域,森澜是字号,机电设备是行业特征,有限公司是组织形式。对于一家企业而言,企业命名尤为关键。一个设计独特、易读易记,并富有艺术和形象性的企业名称,能迅速抓住大众的视线,诱发其浓厚的兴趣和丰富的想象,使之留下深刻的印象。

让我们通过一段视频，感受一下具有千亿美元品牌价值的企业名妙在何处。

"天价"企业名

点拨：因为名字的改变，可口可乐公司成功打开了中国市场的大门，销量多年稳居第一，"可口可乐"品牌的中文译名被人津津乐道——它不但保持了英文的音节，而且体现了品牌核心概念"美味与快乐"，简单明了，朗朗上口，易于传诵。

【好学深思】

如何给企业命名？

企业命名绝非仅仅是给一个组织贴上一个标签那么简单，它具有极其重要的意义。一个好的企业名称，能够在众多竞争对手中闪耀出独特的光芒。它是企业形象的第一道展示，能迅速吸引人们的注意力，引发兴趣。例如，"小米"这个简洁而富有创意的名称，让人很容易记住并产生好感。企业名称是企业品牌形象的重要组成部分，有助于提升企业的辨识度和知名度。

企业名称承载着企业的愿景、价值观和文化内涵。它可以传达出企业的核心使命和追求，让人们在听到名字的瞬间就能对企业的性质和理念有一个初步的感知，能传达企业的核心理念和价值观。好的企业名称可以让客户和合作伙伴在第一时间感知到企业的文化和追求，从而建立情感连接和信任。例如，"华为"这个名称就传递出中华有作为的含义。

一个恰当的企业名称还能帮助企业在市场中准确地定位自己。它可以暗示企业所专注的领域、目标客户群体及独特的优势。"特斯拉"这个名字就很好地体现了其在电动汽车和创新科技领域的领先地位（纪念交流电之父——尼古拉·特斯拉）。具有意义的企业名称还能增强员工的归属感和认同感。员工们会因对企业名称所代表的意义感到自豪而更加积极地为企业的发展贡献力量。此外，一个好名称在传播上也具有极大的优势，简洁明了的名称更易于记忆和传播，方便消费者口口相传，扩大企业的影响力，便于在各种渠道上推广。

企业命名是企业发展道路上至关重要的一步，不可小觑。它具有深远的意义和价值，企业名称犹如企业的灵魂标签，对企业的生存、发展和成功有着深远的影响。一个精心挑选、富有内涵的企业名称，能为企业的成功奠定坚实的基础，开启辉煌的征程。

【各抒己见】

下面看看小伙伴们是如何认识企业命名的。

● 学生小萌：企业名称无所谓，只要不违反国家规定就行了。

● 学生小艾：企业命名可以模仿知名品牌，如汪仔牛奶。

● 学生小昕：企业有自主选择企业名称的权利，但不能与国家法律和法规相悖。

● 学生小叶：一个成功的企业，为创出自己的名牌，首先必须打出自己响亮的名字。

点评：

小萌和小艾对企业命名的认识不够深刻，企业名称是企业整体形象的化身，直接影响到在人们脑海中留下的第一印象，企业命名是创业过程中值得认真思考的问题。

小昕和小叶对企业命名的认识比较正确，企业名称也是品牌，需要花时间、资金、精力去培育。

第三讲　酒香也怕巷子深——企业选址

创业企业需要有经营场所,企业选址与未来的经营发展有着很大的关系。对于创业者来说,将创业的地点选在哪个城市、哪个区域是一件先决性的事情。尤其是以门店为主的商业型企业或服务型企业,店面的选择往往是成功的关键。

你知道企业选址需要注意哪些事项吗?

【他山之石】

从一线城市到五线县城,有人的地方就有沙县小吃,几乎全中国人民都吃过它,它是怎样火遍全国的呢? 餐饮小店选址的重中之重是人流量,人流量决定客流量,客流量决定小店的现金流和利润。以下是沙县小吃选址的窍门。

(1) 小店是否有开街面房的必要,在资金不允许的情况下,小店开在巷弄口或靠近大街的位置即可。

(2) 小店可以开在公司写字楼较集中的地方。

(3) 小店可以开在居民住宅较集中的地方。

但是,选址时并不是单一地考虑上述三个方面,有时候,三者兼之可以取得更好的效果。

【学无止境】

1. 成本因素

成本是企业选址考虑的最重要因素,它包括固定成本和变动成本。固定成本是维持企业正常运作而必须开支的成本,如制造业企业的厂房和机器设备的折旧;而变动成本主要包括原材料、燃料、动力等生产要素的价格,由于在不同的地区和位置,其价格会有所不同,所以变动成本也是企业选址所要考虑的重要因素。

2. 经济因素

在决定把一个企业设立在某个区域时,主要考虑这个区域经济方面的情况。

225

为什么人们居住在这个区域？他们的生活水平如何？其他企业为什么要设立在这里？要对区域进行行业分析,分析这些问题将会对初创企业场所选择产生的影响等。

3. 技术因素

新技术对高科技初创企业成功的作用是显而易见的,因此,为了能够了解和把握技术变化的趋势,许多企业在创业选址时常常考虑将企业建在技术研发中心、科技孵化器附近,或建在新技术信息传递比较迅速、频繁的地区。例如,中关村高技术开发园区是中国第一个高技术开发园区,是中国智力密集度最高的地区,吸引了许多企业在此选址,对北京市经济建设起了巨大作用。

4. 政治文化因素

政治文化因素包括政治局面是否稳定,法治是否健全,有无歧视政策,等等。企业必须要考虑政治文化因素,一些国家为了吸引投资,创造了建厂地价从优、实行政府补贴等优良条件,造就了一个有利的投资环境。政府对市场的管制是创业者应该重视的问题。

5. 人口因素

创业者应该对可能成为其消费者的人群有所了解。例如,如果要开一家文具店,就要了解哪里学生最多,因为这个群体购买文具最多。

6. 竞争因素

收集竞争者的相关信息,对竞争者进行研究,要知道你有多少竞争者,他们都在哪里,还要知道过去两年内有多少与你业务相似的企业开张和关闭。当面临以下3种情况时,适合开一家新企业:该区域内没有竞争者,竞争者企业的管理很糟,消费者对该产品的需求正在增加。

7. 发展规划

创业者进行企业选址之前要清楚城市建设的规划,有的地点从当前分析是最佳位置,但随着市场的改造和发展将会出现新的变化而不适合开店。因此,创业者必须做长远考虑,选择最佳地点。

另外,自然因素、社会文化因素、劳动力因素、交通运输因素、基础设施因素等也有可能影响创业者进行企业选址。创业者需要根据自身的条件和创业项目的具体情况来决定。

我们通过一段视频，看看一家砂锅串串店是如何进行选址的。

串串店的选址策略

点拨：视频中的这家砂锅串串店考虑到竞争因素，明智地马上选了一个竞争者不容易进入的地方。因此，在进行企业选址的时候，考虑竞争因素是非常重要的，盲目跟风可能会让你输得一塌糊涂。

【好学深思】

企业选址如何"选"出发展"快速路"？

一家企业的选址是一个新闻事件，同一产业类型企业的选址动向则描绘出一个典型产业的转移脉迹，通过对不同行业类别、不同产业类型企业选址的观察研究，可以明晰企业选址的路径，窥视经济发展的趋势。

国内巨头企业的选址考虑

中兴已在全球建立 19 个研发中心和 18 个生产基地，中国生产基地主要设立于深圳、杭州、西安。未来中兴西安基地将担负中兴手机高端智能手机的生产。西安对中兴的吸引力，主要有三个方面：人才优势、区位优势和"丝路起点"战略优势。值得一提的是，中兴西安基地邻近即是三星芯片园区与比亚迪结构件工厂，中兴不出园区即可实现就近配套。随着东部沿海城市用工成本增加和城市发展的去制造业趋势，一些制造业向中西部地区的转移是大势所趋。

2015 年 3 月，占地 150 亩、总投资为 2.5 亿元的顺丰电商产业园落户泰州海陵区城北物流园，占地面积为 20 万平方米、一期投资为 10 亿元的长春顺丰电商产业园也签约开工。顺丰的物流野心，远不满足于快递。未来 5~8 年，顺丰将在全国50 多个城市进行物流园区布局，建立全国性的电商服务网络体系，为众多电子商务客户及商家提供仓储、物流、融资、销售等全产业链电商服务。物流巨头自建园区已然是一种趋势。电商产业园借助顺丰具备的强大营运能力，为电商企业提供全面的一站式服务，是顺丰战略转型的重大举措。

日韩企业从中国迁往越南

受益于劳动力成本较低，日韩制造业工厂进驻越南的热潮仍在持续。近两年，

227

中国开始强调制造业的转型升级,剔除廉价代工厂,提升本土企业品牌溢价能力和制造能力。中国不再需要单独依靠低廉制造,更需要高价值、高能力、高附加值的外资企业进来。在这样的大背景下,中国政府调整招商引资优惠力度,而传统的外资制造企业无法享受有利政策,外资工厂开始大规模转移。另外,日韩企业并非全面撤离中国,而是开始大幅度调整对华投资,撤离一般低端制造业,增加对高端制造业的投资。

大量外资企业将工厂搬离,这是中国产业升级必须要经历的过程。在中国和世界工厂告别的时候,中国希望更多外资企业能把研发中心、区域总部等放在中国。

韩国电子寡头企业三星,在 2020 年 11 月宣布关闭天津电视工厂,至此,三星在华工厂均已撤出。外媒分析大批量的日本企业和韩国企业撤离中国市场,主要是因为在华设置工厂的成本正在上涨。在原材料、职工薪资费用不断上涨的情况下,他们不得不考虑退出中国,转向东南亚等成本相对较低的国家制造产品。但退守缩减成本后,韩国和日本的营收利润都没有提升。2021 年,韩国三星第二季度整体利润同比下滑超过 4.03%,现代汽车总营业利润下滑超 17.1%。

从产业迁徙路径来看,中国原有的低成本优势越来越小,外资需要寻找新的适合产业生长的土壤。这也是中国制造业升级、向"制造业强国"转变所必须经历的阵痛。

新常态下企业选址呈现新趋势

中国经济进入"新常态"。我们能够看到,与以往"世界 500 强企业"落户、关涉百亿元投资的大体量选址事件相比,草根创业者的选址行为受到越来越多的关注。"大众创业、万众创新"政策开启"众创时代"序幕,创业者的选址成为热门。

在企业选址过程中,对于成本和产业的优化是主要趋势。制造业企业倾向于人力成本更低、原材料价格更低的区域;而对于人才需求迫切的第三产业企业及科技类企业,则更多地向人才与产业集中度高、创新程度高、思想活跃度高的区域转移;对于某些企业来说,其选址能体现其企图影响政策决策的诉求。

【各抒己见】

下面看看小伙伴们关于蛋糕店选址有哪些思路。

● 学生小萌:人流量大的地方生意一定好,因此,店址一定要选在繁华地段。

● 学生小艾:我看企业选址还是要紧跟知名品牌,如可以选择麦当劳的附近。

● 学生小昕:一旦决定开店,必须对所选地点进行全面的考察,好的选址等于成功了一半。

● 学生小叶:选址时要综合考虑行业、经营范围和定位、目标消费群体等情况,合理地寻找开店地址。

点评:

小萌和小艾对企业选址的认识不够全面,对于创业者而言,初创企业的选址尤为重要。

小昕和小叶对企业选址的认识比较全面,选址问题是企业建立的头等大事,创业者必须掌握能够做出正确选址决策所需的信息和技能。

第四讲　磨刀不误砍柴工——企业注册

随着经济的快速发展,自主创业的人越来越多,在创业者完成企业选址,开始从事经营活动之前,要到市场监督管理部门办理登记手续,注册自己的企业。

企业注册需要注意哪些问题? 如何才能顺利进行企业注册?

【他山之石】

"开办一家新企业,全流程只需2小时,并且不需要花费1分钱""在家门口就可以进行企业商事登记,实现'就近办、一次办'"……

山西省吕梁市交城县寨子村村民武先生准备开办一个农业项目的公司,在电话咨询时了解到,家门口的全代办服务网点就可以全程帮办。于是武先生来到最近的城头村党群服务中心,全代办工作人员帮武先生完成了企业开办的全程操作。"我本来是打电话到政务大厅咨询企业开办流程的,没想到在家门口就把营业执照给办了,整个过程都不用我们自己操作,真是太方便了!"武先生看着营业执照由衷地感叹。

2021年以来,全国各地市纷纷出台企业注册相关提升方案,将企业设立登记、刻制印章、申领发票、就业社保登记等开办事项全部集中到网络平台上,实施一窗受理集成服务,开通"全代办"模式。申请人申请开办企业的,在资料齐全、成功提交的情况下,均可以在一日内办结相关手续,一次性领取营业执照、印章、发票和税控设备。

【学无止境】

1. 准备材料

首先企业要有地址,要提供营业场所的产权证件,如果是租赁的,则还要准备合同;其次企业要有明确的人员结构,就是企业股东或者合伙人的组成及各自的出资比例,需要提供协议和各自的身份证件。企业经营范围需要国家许可的,还要准备相关许可材料,如餐饮企业就需要有餐饮服务许可证。

总之，创业者只有提前了解企业注册的相关规定，才能有条不紊地进入下一步骤——企业名称预先核准。

不论经营范围是否要求许可，企业名称预先核准都是必要的。在同一领域，别人注册过的名称是不能再注册的，因此应在预先核准前多准备几个名字。企业名称预先核准可以直接在市场监督管理局服务大厅办理申请，也可以进行网上申请，一般在 3 个工作日之内就可以领取企业名称预先核准通知书。

携带企业名称预先核准通知书和其他相关材料，到相关许可部门办理许可证件。根据许可种类不同，时间要求也会有所不同。对于一般公司，这个步骤是可以取消的。但是，现在很多行业涉及许可，即使经营范围不需要，但因涉及环保、消防等方面也还是要许可。

2. 办理工商营业执照

从 2016 年 10 月 1 日起，全国范围内实施"五证合一""一照一码"登记。"五证合一"就是将企业注册所需要的 5 个证照（营业执照、组织机构代码证、税务登记证、社会保险登记证、统计登记证）合而为一。"五证合一"目前采取一窗受理、一表申请、并联审批、一份证照的流程，申请人填写新设企业五证合一登记申请表，前往当地市场监督管理部门的服务大厅多证合一窗口办理即可，一般办理时间为 2 ～ 5 个工作日。已开通网上服务平台的地区，创业者可进行网上申请，并完成手续提交。

3. 刻章登记备案

取得营业执照后，创业者要以法人名义写一份刻章申请，到行政服务大厅公安窗口办理刻章登记备案。创业者需要携带的手续有营业执照副本、法人的申请和身份证件，公安审核通过并开具刻章许可证后就可以刻章了。当然，除公章外，创业者还需要刻法人章、财务章、合同章、发票章等。这一节点的时间一般不超过 2 天。

4. 银行开户

进行银行开户需要携带工商营业执照、本人身份证原件和复印件、其他股东（或者合伙人）的身份证复印件，以及公章、法人章、财务章、合同章、发票章。经办人员可以提前和银行客服预约，按银行要求填写表格和履行程序后，银行会将准备的材料上报，取得开户许可证，然后由法人签字确认。这个节点一般需要 5 个工作日。至此，企业注册的手续全部完成。

让我们通过一段视频，了解企业注册的完整流程。

模拟公司注册流程

　　点拨：视频以动画模拟方式呈现公司注册的完整流程。企业注册完成后，将取得营业执照正副本、银行开户许可证、公章、财务章、法人章、发票章、合同章等。需要注意的是，在实际办理的过程中，各地程序或有小异，办理前最好事先向有关政务部门询问清楚。

【好学深思】

企业注册过程中应注意哪些重难点？

企业注册过程中的重点问题

　　(1) 企业组织形式的选择很重要。这决定了企业的法律形式、责任承担和运营规则，需要仔细斟酌，结合自身需求和长远规划做出明智决策。

　　(2) 公司名称选取是有法律规定的。公司名称应符合公司核名准则标准，很多初创业者，在公司名称核名四五次才通过。

　　(3) 没有注册地址也可注册公司。可使用代办公司提供的地址（也称为虚拟地址）挂靠，实际经营有变更时及时到市场监督管理局做变更登记，且地方政府都纷纷实施各种创业补贴政策，如不同地址可享受不同的税收优惠政策，因此在创业时，可提前了解当地的创业优惠政策。

企业注册过程中的难点问题

　　(1) 资料准备往往不容小觑，需要确保各类文件的准确性和完整性，稍有差错就可能导致注册受阻。

　　(2) 理解和遵守复杂的法律法规也是一大挑战，稍不留意就可能陷入法律困境。

　　(3) 确定清晰的股权结构和处理好各方利益分配，需要深思熟虑和妥善协商，以免日后引发纠纷。

　　(4) 税务问题同样棘手，需要提前明晰相关税务政策和申报要求，稍有疏忽就可能面临税务风险。

　　面对这些重点和难点，创业者必须保持高度的谨慎和专注，充分做好准备工作，深入研究相关规定和流程，必要时寻求专业人士的帮助。只有这样，才能顺利地完成企业注册，为企业的发展奠定坚实的基础。

【各抒己见】

下面看看小伙伴们是如何认识企业注册的。

- 学生小萌：什么时候注册企业无所谓，企业可以先运行，再慢慢注册。
- 学生小艾：注册企业很简单，找个代理公司办理就行了。
- 学生小昕：只有提前了解企业注册的相关规定，才能有条不紊地进入流程。
- 学生小叶：创业者要多了解当地政策要求，依法办事，以免招致麻烦。

点评：

小萌和小艾考虑得过于简单，企业注册流程看似简单，但是其中的规定很多，一不小心就会进入误区，导致企业注册道路受阻。

正如小昕和小叶的理解，想要注册企业，就要提前了解相关政策和知识。

第五讲　企业担当促发展——企业履责

在漫长的经营、成长过程中,企业要想做大、做强、做久,最终成为百年名店,仅仅做到提供顾客所需要的产品和服务、遵纪守法是不够的,还要进一步符合道德标准,主动承担社会责任,通过良好的行为表现获得社会的认同。

你知道企业应履行的社会责任主要包括哪些内容吗?

【他山之石】

全国人大代表、河南康利达投资集团有限公司(以下简称康利达集团)董事长薛景霞作为一名伴随改革开放成长起来的非公有制经济人士,一直走在积极回报社会、履行社会责任的路上。从 1996 年支持郑州一中举办全国奥林匹克竞赛,到成立"薛景霞革命老区教育基金"和"薛景霞教育慈善基金",截至目前,薛景霞已帮助上万名寒门学子圆梦校园,上千名优秀教师得到奖励,近百所中小学受到帮扶。

在新的"赶考"之路上,薛景霞将继续带领康利达集团牢牢把握中国式现代化的使命任务,积极履行社会责任,弘扬企业家精神,为实现第二个百年奋斗目标、实现中华民族伟大复兴的中国梦,贡献自己的力量。

【学无止境】

1. 企业社会责任的定义

目前,企业社会责任的概念已经被广为接受,但就国际社会而言,还没有一个统一的定义。世界银行(The World Bank,WB)定义企业社会责任为:企业与重要利益相关者的关系、价值观、遵纪守法以及尊重人、社区和环境有关的政策和实践的集合。简单来说,企业的社会责任首先应是认真考虑企业行为对社会的影响。

2. 企业社会责任的内容

全面贯彻落实新发展理念,扎实推进高质量发展,离不开企业社会责任;不断满足人民对美好生活的向往,稳步迈向共同富裕,离不开企业社会责任。践行社会责任,是企业高质量发展的使命担当。

(1)注意保护环境。企业要发挥主导作用,推动环保技术的应用,以人为本,要以"绿色产业"为研发的主要对象,要治理环境。

(2)注重员工管理。企业要提供安全、宽松的工作场所,保证员工的身心健康;建立和健全激励、奖励机制;为员工提供岗位可持续培训及挑战性工作机会。

(3)要为顾客提供优质安全可靠的产品。企业要加强产品安全体系的建设,保障消费者权益,提供优质、安全、可靠的产品,保障消费者的知情权和自由选择权。

(4)向消费者提供正确的信息和售后服务。对竞争对手不搞恶意竞争。企业有责任赋予消费者求偿权,向消费者传递正确的产品和服务信息;和竞争者公平竞争,促进产品的开发和技术的进步,为社会的发展作出贡献。

(5)做好行业自律。在经济全球化的国际大融合潮流中,企业只有先冲出道德良心与社会责任的阴影和误区,以人为本,善待员工,关心员工,履行社会责任,才能抢得先机,赢得主动,从而真正靠产品实力走向世界。

(6)保证投资者对企业经营管理的权利和股权收入。向投资者提供真实、可靠的经营和投资信息,并且接受股东监督,在缴纳税款的前提下,保证股东的投资回报,并且保障债权人本金的归还。

除此之外,对政府履行纳税义务,遵守国家政策也是企业重要的社会责任。

让我们通过一段视频,了解一下优秀信用企业和诚信企业家的标准。

优秀企业的
诚信管理

点拨:视频中优秀企业的诚信管理经验告诉我们,对一个企业来讲,诚信是灵魂,是生命,是企业生存发展的永恒的动力。只有牢固建立在信用基础上,坚持诚信经营、勇于承担社会责任的企业才能长盛不衰,永远立于不败之地。

【好学深思】

如何以创新方式履行社会责任?

随着无人机被越来越多人所熟知,无人机几乎能用于各行各业之中,它的身影随处可见,如航拍、送快递、电力巡线、救灾抢险。但这一新兴产业遇到的问题也不少,首当其冲的便是"黑飞"带来的巨大安全隐患。

近年来,无人机频繁闯入各地机场"净空区",多次造成航班晚点,深圳、杭州、西宁等多地机场已"中招"。此前,网络上出现一段无人机近距离拍摄民航客机飞行的视频,一时舆论哗然。然而,目前关于无人机的法律、法规尚不明确,我国对无人机的监管处于灰色地带。

大疆于 2016 年 3 月 2 日晚间发布消息称,为保障公共空域安全并保障用户的飞行体验,大疆为其无人机产品设置了机场禁飞区和限飞区。大疆无人机在飞控和图像处理方面是业界翘楚,销售总额更是占全球商用无人机总额的 70%。大疆不断投入资源研发迭代电子围栏技术,既是为了保证自身产品更高的安全性,也是为了促进行业有序发展,把产业蛋糕做大是多赢的结果。

一个企业除盈利外,还担负着更多的社会责任。作为无人机行业的领头人,大疆为自己的产品划出了可飞与不可飞的界限,并不断地完善技术,为自己的产品和用户行为提供技术引导及相关行为规范,体现了企业的自律和社会责任感。

企业的社会责任感是企业发展的基石,这里的社会责任感不仅是捐款做公益这么简单和片面,企业在创造利润的同时,还要承担对员工、消费者、社区和环境的责任,在企业的管理运营和产品规范上更应该有所作为。近些年来,曾有不少企业为了盈利,做出违背行业底线与丧失社会责任感的事,在企业运营的过程中,政府部门的监管往往无法全面覆盖,这时企业的自律和对自身社会责任感的承担往往显得至关重要。

希望国内有更多的企业向大疆学习,不管是对自己的产品还是对用户和社会,都应切实肩负起责任,做好企业自律。正所谓"从心所欲不逾矩",这句话虽说的是做人,但对企业也有指导性。只有做好产品规范和企业自律,切实履行企业社会责任,在盈利的同时不逾越规矩,才是企业运营的良好状态。

【各抒己见】

下面看看小伙伴们是如何认识企业社会责任的。

- 学生小萌：企业实现了经济目标就是满足了社会的需求。
- 学生小艾：创业者既要经营企业又要承担社会责任，会影响企业的快速发展。
- 学生小昕：企业若要长期发展，就必须承担社会责任。
- 学生小叶：企业在追求利润的同时，要有对社会负责、向道德看齐的意识。

点评：

小萌和小艾过分看重企业自身，我们要知道企业的发展不仅是为了盈利，还是一种道德的履行。

小昕和小叶很好地诠释了企业社会责任的意义，用科学的管理使企业自身利益与社会责任相结合，让我们的社会更加和谐。

第六讲　成功从这里起步——新企业的生存管理

在经受了创业的艰辛,成功地创立自己的企业之后,企业的成长问题便自然而然地摆在了创业者的面前。新企业的运作是一个从无到有的展开过程,生存管理是十分重要的,管理得当会使企业发展成为成功的企业,管理不当可能会面临倒闭的风险。

你知道在企业的初创期需要做好哪些管理工作吗?

【他山之石】

1987 年,43 岁的任正非经历了人生打击后,借了 2 万元到深圳创业,建设了华为。

人才是企业最重要的资源,华为重视员工的职业发展和培训,鼓励员工不断学习和提高自己的能力,华为有一套完善的人才培养体系,通过内部选拔和外部引进相结合的方式,打造了一支高素质、专业化的管理团队。1996 年,华为进行了一场运动:再创业运动。所有员工集体辞职,通过重新考评后,再返聘到公司,因为进入公司较早的老员工拥有很多股权,但是随着时间的推移,他们享受高待遇却没有做出匹配的成绩,这对新员工来说是不公平的。经过这场运动,有 1/3 的骨干离开了华为。这对华为来说是一次浴火重生,但也给公司带来了新的活力和激情。任正非说:"作为领导者,最重要的是把所有人都带起来,让团队团结在一起,共同实现公司的目标。"

在 20 世纪 90 年代初,任正非把握技术变革的机遇,进入电信行业,引导华为进行技术创新和发展,并坚信其能够成为全球领先的通信设备供应商。华为还建立了一套完善的风险管理体系,通过风险评估、风险控制和风险监控等环节,确保公司的稳健发展。这种风险管理能力使华为在面对各种市场变化和挑战时始终保持领先地位。

无论当初有多少苦难,任正非都从未想过放弃。任正非以其卓越的领导力和对未来的敏锐洞察力,带领华为一路从中国走向世界,与全球科技巨头比肩。华为不断探索、创新、突破,始终走在科技发展的前沿。

【学无止境】

新企业的生存管理有以下四大原则。

1. 生存是第一要务

现代企业要有危机意识,活下来是硬道理。现实很残酷,作为新企业,生存永远是排在第一位的。

业务再小也要重视,一则可以行动起来,二则可以振奋团队信心。不要在意今天做什么,也不要在意模式,先活下来,有面包才能有理想。

2. 培养团队是发展的根本

培养团队是发展的根本。那么,如何建立和稳定团队呢?领导者要把握以下几点。

(1)不能随便当"好人"。

(2)很多时候必须坚持和偏执。

(3)心态平稳,对每个人好,不要指望大家都对你有回报。

(4)经常反省自己。

(5)最好有专业人士的指点。

(6)自我满足就是成功。

(7)该做的一定要去做。

创业型企业需要的是小团队,员工再弱也要培养团队,领导者所承担的责任和付出的努力是任何团队成员都无法比拟的。

3. 市场策略顺势而行

大多数的成功者是在不断的商机碰撞中获得一次又一次发展的。初创期的企业由于人手少、资源缺乏,一切都处于萌芽阶段,所以创业者必须亲自去做很多事情,如直接向客户推销产品、参与商业谈判、处理财务报表、制定薪酬计划、从事广告宣传等。

小企业的成长充满了荆棘和变数,再困难也要克服,在市场策略上一定要顺势而行。这个阶段的创业者切忌把自己当成"大老板"而目空一切、眼高手低,要有事必躬亲的精神,只有这样才能对企业经营过程中的每个细节做到心中有数、了如指掌,只有这样才能使企业平安成长起来,越做越大。

4. 多听取专业的建议再试行

对于企业的成功和发展,策略是至关重要的。想比对方领先一步,就要多听取专业的建议,多创新、多试行。当然,企业的成长有快有慢,其中的机遇和环境很重要,企业应当在坚持基本原则的基础上时刻准备着。拥有好的模式、产品与服务是企业发展的核心,围绕这个核心,各项支撑配套工作一定要先做扎实,在尽可能低的成本控制范围之内,避免"捡了芝麻,丢了西瓜"。

让我们通过一段视频,体会龙门镖局新当家讲解的
中小企业的生存之道。

中小企业的
生存之道

点拨: 视频中龙门镖局新当家陆三金的一番话侧面体现了中小企业团队建设的不容易。当今世界处于一个需要团队合作的时代,如何发现人才、善用人才,确实是每个创业者必须重视的问题。

【好学深思】

初创企业如何在竞争激烈的市场中求生存?

在竞争激烈的商业世界中,初创企业如同新生的幼苗,面临着诸多挑战,然而,只要掌握正确的方法,就能够茁壮成长。

首先,拥有清晰的定位至关重要。初创企业需要精准地找到自己的目标市场和独特价值,聚焦于特定领域,打造核心竞争力。用心倾听客户的声音,注重客户体验,及时响应并满足他们的需求。建立良好的客户关系,能带来口碑效应和忠实的客户群体。

其次,高效的团队是企业的核心力量。一方面应招募志同道合且具备不同专长的人才,打造一个富有凝聚力和战斗力的团队;另一方面应建立广泛的合作网络,与合作伙伴互利共赢,共同开拓市场。

再次,创新是生存的关键。无论是产品、服务还是商业模式的创新,都能让企业脱颖而出,吸引客户和投资者的关注。

此外,严格的成本控制不可忽视。合理规划资金,避免不必要的开支,确保企业在资金有限的情况下能够稳定运行。

综上,创业者应保持敏锐的市场洞察力,随时关注行业动态和竞争对手的动向,以便及时调整策略;不断学习和改进也是必不可少的;要勇于尝试新方法,从失败中

汲取经验教训,持续提升企业的运营水平;要有坚韧不拔的精神和强大的抗压能力,面对困难和挫折不轻易放弃。初创企业的生存之路充满艰辛,但只要坚定信念,践行这些生存之道,就有望在市场的风浪中站稳脚跟,迎来美好的发展前景。

【各抒己见】

下面看看小伙伴们是如何认识新企业的生存管理的。

● 学生小萌:生存是第一要务,新企业的发展必须制订详细的计划并严格执行。

● 学生小艾:确定争创世界一流的远大目标,努力奋斗!

● 学生小昕:企业应该按照从小到大、从易到难、产品从少到多的战略步骤来规划企业的发展。

● 学生小叶:管理企业团队时一定要做到"人尽其才、能尽其用",不需要豪华的团队,但一定要是实用的团队。

点评:

小萌和小艾对新企业的生存认识不够准确,"远大空"的目标或生搬硬套的管理模式不适合新企业的发展。

像小昕和小叶说的那样,组建实用的团队,正确规划企业的发展,确定企业能够实现的奋斗目标,结合自身的情况具体问题具体分析,及时调整经营策略,才是新企业的生存之道。

》 百炼成钢

实训1: 撕纸

● 实训场地:教室空地。

● 游戏人数:6 人。

● 游戏准备:1 张 A4 纸。

● 游戏规则:请大家闭上眼睛,全过程不许提问题,按照教师叙述的动作进行撕纸操作,最后睁开眼睛,在全班展示自己撕的纸(会出现不同的图案)。教师重复相同的指令,再做一遍上次的游戏,这次学生睁开眼睛并且可以提出问题,在全班展示自己撕的纸,并相互交流游戏经验。

- 游戏小结:我们在沟通过程中要做一个好的倾听者,同时也要及时反馈自己的看法,即便是这样,可能依然达不到我们想要的效果,那是因为除了以上提到的基本条件,沟通还会受到当时环境、人的情绪、理解能力等因素的影响。那么,如何才能做到我们想要的沟通效果呢? 最直接的方法就是我们不断地去沟通、交流。这样得到的结果才会向我们想要的方向靠拢,这对新企业来讲非常重要。

实训2: 码钉子

- 实训场地:教室空地。
- 游戏人数:6 人。
- 游戏准备:13 根钉子和 1 个装钉子的盒子。
- 游戏规则:请大家首先把 1 根钉子尖的那头插在盒子的孔上,使这根钉子直立;接下来就请大家开动脑筋,看看有没有办法把其他的 12 根钉子都放在直立的那根钉子上。要求:这 12 根钉子只能碰到任何一根钉子,不能碰到除钉子以外的任何东西。
- 游戏小结:在很多时候,个人经验、习惯、偏见等会限制我们的思维。通过这个游戏,让大家意识到某些看上去不可能的事情,通过我们的努力还是有可能实现的。因此,企业创办的初期,面对各种各样的困难时,我们要学会从不同角度或侧面进行发散性思考,以获得更全面的认识,进而找到解决问题的办法。

》 见贤思齐

隋友强:这里有青春该有的模样

隋友强,中共党员,中国人民解放军退役士兵,东营职业学院 2020 届毕业生,山东商果佬信息科技有限公司董事长、东营市知行公益事业服务中心创始人、济南绿净园保洁有限公司东营经济开发区分公司经理。公司承接东营经济技术开发区项目,创新打造"e 亩果园"、知行公益等品牌,业务涉及城乡 20 个社区、解决困难就业 300 余人,其中解决 60 岁以上农民工就业 88 人。

隋友强曾获中国人民解放军优秀士兵、优秀大学生标兵、优秀毕业生等荣誉称号。他主持的项目曾获全国高等职业院校第十五届"发明杯"大学生创新创业大赛二等奖、"建行杯"第八届山东省"互联网+"大学生创新创业大赛银奖、山东省退役军人创业创新大赛三等奖、第十一届山东青年创新创业大赛优秀奖、东营市第五届创新创业大赛青年创业组二等奖、东营市退役军人创业创新大赛一等奖。他在大学生孵化园创立东营市知行公益事业服务中心,致力于支持青年大学生创业,他累计支持30多个项目,培育孵化大学生企业10余个,先后获得国家级大学生"双创"大赛获奖2次,省级获奖23次,获资金支持及银行预授信300万元,成功孵化出新油人(山东)科技创新有限公司等优秀大学生企业,彰显出良好的带动大学生创业效应。

2019年5月,隋友强在东营职业学院创业孵化园成立了山东商果佬信息科技有限公司,经过一年运营,供应商覆盖东营本地水果农产品基地产业,销售业务涉及城乡20个社区,从线上运营到线下团长超100人,极大促进困难就业人员就业。

2019年,在学校的支持下隋友强创办了东营市知行公益事业服务中心,总部设在大学生孵化园,先后吸引500多名大学生参与公益活动。大学生也通过公益教育与实践,获得触及灵魂的思想洗礼,不断反思、修正自己的人生定位与理想追求,增强社会责任感。他在中心下设大学生创业基金,发掘有潜力的大学生创新创业项目,使百余名大学生在创业路上少走弯路。获得iCAN全国大学生创新创业大赛总决赛一等奖的项目负责人刘婧说:"在学哥支持下,我们团队更有信心、项目更贴地气,设计起来也更大胆。"

2020年5月,隋友强成立济南绿净园保洁有限公司东营经济开发区分公司。三年来,公司中标、承担政府道路保洁管理等项目,顺利完成山东省科技惠民计划项目——城市生活垃圾资源化利用技术成果转化三项。时至今日,企业正在全力打造新东智慧环卫平台。

回顾自身的经历,隋友强说:"学校里的创新创业经历,是我敢闯敢创的动力源泉,我由衷感谢学校的支持、老师的培养!希望更多的大学生青年响应习近平总书记'创新是社会进步的灵魂,创业是推动经济社会发展、改善民生的重要途径'号召,在创新创业中增长智慧才干,在艰苦奋斗中锤炼意志品质,把激昂的青春梦融入伟大的中国梦之中,活出青春该有的模样!"

参考文献

[1] 王振杰,刘彩琴,刘莲花,等.大学生创新创业基础(配创新创业案例与分析)[M]. 2 版.北京:高等教育出版社,2023.

[2] 张海燕,李向红.创新与创业教育(配实践手册)[M].北京:高等教育出版社,2023.

[3] 滕瑜,陈福亮,周霞霞,等.大学生创新创业基础 [M]. 2 版.北京:高等教育出版社,2023.

[4] 由建勋.创新创业实务 [M]. 3 版.北京:高等教育出版社,2023.

[5] 邰葆清,梁明亮,李江涛.创新创业教育(配行动手册)[M].北京:高等教育出版社,2022.

[6] 刘莲花,张剑波,张涛.创新创业教育与就业指导 [M]. 2 版.北京:高等教育出版社,2022.

[7] 曹裕,陈劲.创新思维与创新管理 [M]. 2 版.北京:清华大学出版社,2022.

[8] 陈吉胜,韩红.创新思维与创业基础 [M].北京:高等教育出版社,2022.

[9] 王强,陈姚.创新创业基础:案例教学与情景模拟 [M].北京:中国人民大学出版社,2021.

[10] 黄明睿,朱梦梅,马小龙.创新创业基础与实践 [M].北京:科学出版社,2021.

[11] 高丽华,王蕊.创新创业基础 [M].北京:高等教育出版社,2021.

[12] 杨雪梅,王文亮.大学生创新创业教程 [M]. 2 版.北京:清华大学出版社,2021.

[13] 刘志阳,林嵩,路江涌.创新创业基础 [M].北京:机械工业出版社,2021.

[14] 汤锐华.大学生创新创业基础:配实训手册 [M]. 2 版.北京:高等教育出版社,2019.

[15] 杜永红,梁林蒙.大学生创新创业教育——基于互联网 + 视角 [M]. 2 版.北京:清华大学出版社,2019.

[16] 李建,刘鹏.创新与创业 [M].北京:中国人民大学出版社,2017.

郑重声明

高等教育出版社依法对本书享有专有出版权。任何未经许可的复制、销售行为均违反《中华人民共和国著作权法》，其行为人将承担相应的民事责任和行政责任；构成犯罪的，将被依法追究刑事责任。为了维护市场秩序，保护读者的合法权益，避免读者误用盗版书造成不良后果，我社将配合行政执法部门和司法机关对违法犯罪的单位和个人进行严厉打击。社会各界人士如发现上述侵权行为，希望及时举报，我社将奖励举报有功人员。

反盗版举报电话 （010）58581999 58582371

反盗版举报邮箱 dd@hep.com.cn

通信地址 北京市西城区德外大街 4 号 高等教育出版社法律事务部

邮政编码 100120

读者意见反馈

为收集对教材的意见建议，进一步完善教材编写并做好服务工作，读者可将对本教材的意见建议通过如下渠道反馈至我社。

咨询电话 400-810-0598

反馈邮箱 gjdzfwb@pub.hep.cn

通信地址 北京市朝阳区惠新东街 4 号富盛大厦 1 座 高等教育出版社总编辑办公室

邮政编码 100029

联系我们

高教社高职就业创业教育研讨 QQ 群：1035265438